Ulla Michalke

Nero lässt grüßen…

Fritzi auch

"I am so amused", sighed the cat, full of love.

　　"I am not amused", sighed the cat without love.

Ulla Michalke

Nero lässt grüßen…

Fritzi auch

Inhaltsverzeichnis

Wirtschaftskinder

Ella

Bettgeflüster

Grenzüberschreitungen

Igor und Co.

Wirtschaftskinder

Fritzi

Fritzi sitzt im Fässchen, in der Küche, nicht oben im Badezimmer. Sie ist noch zu klein für die große Badewanne oben. Darin würde sie glatt untergehen. Außerdem ist es in der Küche praktischer. Da ist immer irgendwer, der dieses kleine Kriegshäufchen sozusagen im Vorbeigehen abseifen kann, wenn die Mama in der Wirtschaft bei den Gästen ist. Aber die Mama hat gerade Zeit und fährt mit dem Waschlappen über den kleinen Kinderrücken, das wohlige Bäuchlein und die strammen Beinchen. Keine Kriegsware, alles wohlgenährt und fest. Der Papa, der sich aufs Baden eigentlich besser versteht, ist im Krieg. Also muss die Mama alles schaffen: die Gastwirtschaft, den Haushalt, den Garten und natürlich Fritzis Versorgung. Und sie schafft es –bestens! Sie ist in ihrem Element, aber nur in der Gastwirtschaft. Da sind immer Leute zum Reden und Lachen. Sie tauscht Schnaps und Zigaretten gegen Schinken und Butter. Hilde und Tante Anna helfen im Haus und im Garten. Tante Anna ist keine richtige Tante. Sie gehört nicht zur Familie. Aber sie ist trotzdem Fritzis liebste Tante. Sie hat immer Zeit für Fritzi. Volle vom Nachbarhof muss das Fass anschlagen, wenn das Bier alle ist. Und der Metzger kommt zum Schlachten, wenn das Schwein dick genug ist. Das krault Mama immer beim Fressen, damit es gute Laune hat und viel Panhas, Wurst und Schinken abwirft.

Mama wird von allen nur Mia genannt, nicht Maria wie ihre Mama und wie ihre Schwiegermutter. Sie kommt aus einer Wirtschaft, wo sie schon früh mithelfen durfte und auf dem Klavier für Stimmung gesorgt hat. Sie konnte ganz schnell Schlager spielen. Sie musste sie nur ein paar Mal hören. Das war natürlich gut. Opa hätte nicht immer Noten bezahlen können. Der musste das neue Haus bezahlen. Alle mochten Mia. Und Mia mochte das gesellige Leben. Das war ihr Element.

Auch der Papa mag sie, nur die Oma, ihre Schwiegermutter, mag sie nicht. Die ist enttäuscht von ihrem Leben. Und darum ist die Mama nur in der Wirtschaft in ihrem Element, wenn die Männer an der Theke stehen und das Geld in der Kasse klingelt.

In der Küche ist Mama nicht in ihrem Element. Dabei kann sie so lecker kochen. In der Küche sitzt die Oma. Die bremst Mamas Lebensfreude, weil sie mit der Beinprothese nicht mehr gut gehen kann und weil sie nicht so gut und fröhlich mit den Gästen umgehen kann. Sie kommt nämlich aus einem vornehmen Hotel. Manchmal muss sie zwei Tage im Bett bleiben, weil ihr Bein beim Sattler ist, zur Reparatur. Mama sagt ihm immer, er soll sich ruhig Zeit lassen. Dann geht es in der Wirtschaft noch lustiger zu, und Mama und Emmi von nebenan essen ganz viel Kuchen. Das darf Oma nicht wissen. Sie ist sehr sparsam. Und manchmal kommt Bauer Gottfried in die Küche und setzt sich an den Tisch, weil er sich gern mit Mia unterhält. Er bringt immer was mit,

Eier oder Butter. Aber Fritzi im Fässchen stört Mia bei der Unterhaltung mit Gottfried. Darum schiebt sie das Fässchen einfach unter den Küchentisch. Gottfried merkt sowieso nichts. Und Fritzi ist ganz still. Sie muckt sich nicht. Sie ist ein sehr artiges Kind. Nur das Wasser wird kalt. Fritzi möchte raus. Aber Gottfried geht nicht, und Mama hat Fritzi glatt vergessen. Zum Glück kommt Hilde. Die mag Gottfried auch gerne. Sie nimmt ihn mit in die Wirtschaft. Jetzt platscht Fritzi mit ihren schrumpeligen Händchen ins kalte Wasser, und Mama bekommt einen Schreck. Ganz schnell holt sie Fritzi heraus, packt sie in das große rosa Badetuch und rubbelt sie wieder warm. Oben legt sie sie in das Kinderbett, deckt sie schön mollig zu und geht nach unten. Fritzi bleibt allein im großen Schlafzimmer. Aber von unten klingen Stimmen herauf und manchmal auch das Klavier. Und wenn Mama dazu singt, ist es besonders schön.

Jojo

Jojo sitzt unterm Küchentisch, im Schlafanzug. Er schlingt den Arm um Stroppi
und schimpft seinen Ärger in das
schwarz-weiße Hundefell. Er soll sich anziehen, will er aber nicht. Er versteckt sich
ganz hinten. Sollen sie doch rufen und
schimpfen, er bleibt einfach sitzen. Unter
den Tisch kommen die sowieso nicht.
Mami macht das nicht, Oma kann das
nicht, und Lene ist dazu viel zu bequem.
Doch er hat nicht mit Papa gerechnet. Der
ruft aus der Wirtschaft nur „Stroppi!", und
wupps ist Stroppi weg und lässt Jojo für
ein Stückchen Wurst im Stich. Jojo springt
im Schlafanzug hinterher, rennt in die
Wirtschaft und hört, wie die Männer an
der Theke lachen. Ihm egal. Papa nicht.
Der schimpft. Mami packt ihn beim Arm
und ab nach oben: waschen, anziehen.
Punktesieg für die Erwachsenen.
Jojo ist kein Kriegshäufchen. Der Krieg ist
vorbei, als er auf die Welt kommt. Die
Mami ist nicht mehr bei der Flak, und der
Papa hat seitdem nur noch ein Bein. Alle

müssen in der Wirtschaft und im Haushalt arbeiten, nur Oma nicht. Die ist immer im Garten oder im Schweinestall, damit alle was zu essen haben. Jojo hat immer was zu essen. Er guckt einfach, was es bei den Nachbarn gibt, und sucht sich das Beste aus.

Er ist sowieso immer unterwegs. Er kennt alle Leute rundherum, und die freuen sich, wenn sie ihn sehen. Am meisten aber freut sich seine Cousine Fritzi. Die kommt manchmal zu Besuch, und Jojo macht ir- gendeinen Unsinn, den Fritzi selbst so gerne machen möchte. Aber sie traut sich nicht, weil ihr Papa so streng ist. Darum bewundert sie Jojo, obwohl er doch viel jünger und kleiner ist als sie.

Wenn Oma Geburtstag hat, wird die ganze Familie eingeladen. Jojo und Fritzi sitzen mit Hajo und Nette am Katzentisch. Es gibt leckeren Kartoffelsalat mit Würst- chen. Aber Jojo hat keine Gabel. Er könn- te sich eine holen, tut er aber nicht. Fritzi sagt:" Nimm doch die Finger!" „Mach´ ich glatt." „Wetten, du bist zu feige?", sto- chert Fritzi. Sie weiß genau, wie sie ihn rumkriegt. Und schwupps steckt Jojo seine Hand in den Kartoffelsalat und schiebt ihn in den Mund. Fritzi sieht ihn voll Bewunderung an. Aber Nette, diese Petze, schreit auf, und schon ist Mami am Tisch und schimpft. Alle gucken und rufen durcheinander: „Jojo, was machst du denn wieder?" „Hab´ keine Gabel." „Dann kannst du dir doch eine aus der Schublade holen!" „Och, der Kartoffelsalat schmeckt auch so." „Ab, sofort in die Küche! Wasch´ deine Hände und hol´ dir eine Gabel!" Jojo geht ganz gemächlich in die Küche, und Fritzi strahlt ihn mit leuchtenden Augen an.

Punktesieg für Jojo.

Manchmal muss er zum geizigen Schotte gehen. Der hat einen kleinen Kolonialwarenladen mit dunklen Ecken und schummrigem Licht. Der ist voll gepackt mit allem, was die Leute so brauchen: Brot, Käse, Schuhbänder, Ata, Salz, Mehl, Schmirgelseife, Sanella, Schinken…

Jojo muss Margarine kaufen und Käse. Fritzi geht mit. Sie haben viel Zeit. Die Erwachsenen sind froh, dass die beiden

erst einmal weg sind. Und Jojo und Fritzi
sind froh, dass die Erwachsenen weg sind.
Beim geizigen Schotte müssen sie warten.
Der bedient gerade eine Frau, die Schinken haben will und eine Brille auf hat. Er
holt den Schinken und zeigt ihn ihr. Das
Stück ist viel zu groß. Die Hälfte reicht.
Also schneidet Schotte den Schinken in
zwei Hälften und fragt, welche sie haben
will. „So ein Blödsinn!" denken Fritzi
und Jojo, „die sind doch gleich groß. Der
will sich nur wichtig tun." Die Frau mit
der Brille reckt ihren Kopf und überlegt.
Was die noch überlegt? „Welches nehme
ich denn?" Sie spricht ganz vornehm. Und
Schotte antwortet auch ganz vornehm.
„Oh, die sind beide gut. Der Schinken ist
schön abgehangen,…" „Jaaaa…?" „ Und
ganz ohne Fett…" „Jaaaa…?" „Und so
schön trocken…" „ Jaaa…? Gut, dann
nehme ich… eh…dieses Stück, ja, das
da." Sie nickt zufrieden nach dieser
schweren Entscheidung. Jojo und Fritzi
auch. Sie stoßen sich in die Rippen und
gucken zu. Schotte legt die eine Hälfte
weg. Dann nimmt er ihr Stück. Haha, da

guckt doch eine Made heraus!!! Die Frau mit der Brille sieht den Schinken, aber nicht die Made!

Punktesieg für den geizigen Schotte.

Jojo und Fritzi sind ganz schnell mit ihrem Einkauf fertig. Draußen prusten sie los. Eine Made im Speck! Das ist natürlich was für sie. Jojo schnäbbelt und bäbbelt Fritzi die Ohren voll. Fröhlich und schön langsam machen sie sich auf den Heimweg. Vor ihnen rumpelt und pumpelt ein Pferdewagen. Auf einmal macht es klack, klack, und ein frischer Pferdehaufen liegt dampfend auf ihrem Weg. Fritzi, nach der Made ganz aufgekratzt, sagt zu Jojo: „ Setz` dich doch mal in den Pferdehaufen." „Mach ich glatt…" „Machst du nicht…" „Wetten?" „Ach, gib nicht so an!" Und schon geht Jojo in die Hocke und setzt seine Lederhose auf den Pferdehaufen, nicht in den Haufen. Er berührt ihn wirklich. Fritzi sieht es ganz genau und ist baff. Als sie weitergehen, hängt noch ein kleiner Rest hinten an der Hose. Der stört nicht. Jojo sieht ihn nicht, und Fritzi findet das gut.

Punktesieg für Fritzi.

Zu Hause liefern sie Margarine und Käse ab und erzählen von der Made beim geizigen Schotte. Dabei kommt Jojo zu nah an Mamis Nase. Die schnuppert und schnüffelt wie Stroppi, dreht Jojo um und ....

Na ja....Punkteabzug für beide: Jojo und Fritzi.

Zwei Tage später fährt Fritzi wieder nach Hause, voll Bewunderung für Jojo. Der ist wohl jünger als sie, aber ihr großer Freiheitsheld.

Endgültig: Punktesieg für Jojo

Lukas

Lukas ist kein Kriegshäufchen und auch kein Nachkriegskind. Lukas ist ein deutsches Wirtschaftswunderkind. Sein Papa ist zu Hause, und seine Mama kann so lecker kochen. Darum ist er ein richtiges Moppelchen, mit Speckböllchen und Pausbäckchen. Papa und Mama haben auch eine Wirtschaft. Da ist immer was los. Und der Krieg ist lange vorbei. Die Leute wollen keinen Krieg mehr. Die sprechen jetzt nur noch davon und feiern lieber. Dann ist der Saal pickepacke voll. Die Mama steht in der Küche und muss für alle kochen. Der Papa bedient in der Wirtschaft, und die Anne bringt das Essen für die Gäste in den Saal. Alle müssen tüchtig arbeiten. Hinterher sind sie ganz schachmatt, aber froh, weil sie so viel geschafft haben und ordentlich was in der Kasse ist.

Lukas ist dann schon längst im Bett und schläft wie ein Murmeltier. Aber manchmal wird er wach und hört die vielen Stimmen unten. Dann will er nicht alleine bleiben und fängt an zu schreien, so laut er kann, bis die Mama kommt. Die nimmt ihn auf den Arm und streichelt sein Köpfchen und seinen Rücken, damit er aufhört zu schreien. Aber wenn er aufhört, das weiß er ganz genau, dann legt sie ihn wieder in sein Bettchen und sagt: "Jetzt schlaf´ und träum´ schön, mein Kleiner. Morgen spielst du wieder im Sandkasten."

Dann legt Lukas erst richtig los. Er will nicht schlafen und träumen, und der Sandkasten morgen ist ihm schnurzpiep egal. Er will bei seiner Mama sein… und bei seinem Papa… und bei Anne…, und er will die Leute sehen, die da unten soviel Spaß haben. Also macht er sich ganz steif und schreit, bis er puterrot wird und die Mama vor Schreck ihn ganz schnell in die mollige Decke packt und mit nach unten nimmt. Na, das wird was geben!

Aber wenn Mama die Tür zur Wirtschaft aufmacht, macht Lukas seine Augen auf, ganz weit, so weit, dass er gar nicht mehr schreien kann vor lauter Staunen. So viele Leute! Und alle reden lustig durcheinander und lachen ihn an. Das gefällt ihm, und er juchzt und kräht vergnügt. Dann zieht Mama eine Schublade aus der Theke und setzt ihn einfach da rein. Jetzt kann ihm nichts mehr passieren. Jetzt muss er nicht alleine oben im Bett liegen. Er strahlt und lacht, babbelt und gurrt, schlägt mit seinen Händen voll Freude auf die Theke, guckt in die lachenden Männergesichter und patscht wieder auf die Theke, immer wie-

der, bis seine Augen ganz klein werden,
müde blinzeln und zufallen. Er hört noch
das Stimmengesumm der Männer um ihn
herum, immer schwächer, weit weg…
Dann spürt er, bevor er in der Schublade
umfallen kann, zwei weiche Hände, die
ihn ganz vorsichtig hoch heben, eine warme Decke… ein sanftes Streicheln…da
fällt sein Köpfchen mit einem seligen Lächeln auf Mamas Schulter.
Jetzt kann er schlafen, tief und fest, wie
ein Ratzemolli.

Ella

„Ella"
Ella erschrak, verspielte sich, hielt kurz
an, nur ganz kurz, und griff dann mit ge-
ballter Kraft die vollen Akkorde.
„Ich höre dich nicht, schrei´ ruhig weiter,
ich höre dich nicht."
Die Akkorde donnerten gegen die Decke,
prallten zurück, verflüchtigten sich und
verstummten in der Fülle der Vorhänge.
Sie wichen einer Kette von Tönen, die den
Oktoberhimmel im Fenster auffingen.
„Ella, Liebling, komm!"
„Jeden Samstagnachmittag dasselbe
Spiel!" Ellas Stimme drohte. „Ich will
jetzt Klavier spielen!"
Es-Dur! „Das ist meine Zeit."
G-Moll. Die Akkorde knallten auf die Tas-
ten, prallten gegen die Decke, verfingen
sich in den Vorhängen, verklangen und
wichen den Triolen.
Con calore, mit Feuer! „Hoffentlich ist das
Badewasser heiß genug, mein schreiender
Liebling!"

Tranquillo, ruhig. „Hoffentlich schlägt dein Herz ruhig, mein lieber Schreihals!"

Tenuto, gehalten. „Hoffentlich hält deine Geduld noch, du Nervensäge! Ich muss den Schluss schaffen."

Animato e passionato. „Ich liebe dich, ja natürlich passionato. Aber warum musst du gerade samstags, wenn das Klavier sich mir in den Weg stellt, deinen Rücken ins Spiel bringen?"

Affretando, mit sich steigerndem Gefühl. „Natürlich steigert sich mein Gefühl für dich. Bis zur Wut! Warum musst du immer samstags um 17.00 Uhr in das Badewasser deiner frühkindlichen Erinnerung tauchen?"

Broadley, breit und mächtig schreitend. „Natürlich, so erschien sie, deine Mutter, ihren strammbeinigen, pausbäckigen Jüngsten mit der Bürste schrubbend zu verwöhnen."

Stringendo, fortissimo. So stand Ella jetzt da.

Der Schlussakkord klang aus, als sie die Tür öffnete, löste sich auf, während sie die Treppe hinaufeilte, und verwandelte sich

in ein Animato e passionato, als sie die
Bürste in das Badewasser tauchte.

Ach Olaf, Olaf, Olaf…!

Sommerzeit, Wochenende, Freundesbe-
such. Alles klar. Wunderbar!
Kaffee und Kuchen, süße Genüsse, locke-
re Worte, lustvolle Diskussionen über Gott
und die Welt, schwarze Löcher und Sara-
zin.
Der Wein belebt und beflügelt den Mei-
nungsaustausch. Paul wirft den ersten
marktkritischen Hundeknochen in die
Runde. Hugo springt pflichtgemäß an - so
verlangt es das jahrelang gepflegte Um-
gangsritual -, baut sich publikumswirksam
zwei Stufen höher neben altersschwacher
Tanne vor ausladendem Kirschbaum auf
und verkündet seinen neuesten Erkennt-
nisstand zur deutschen, amerikanischen
und sicherheitshalber gleich zur globalen
Wirtschafts- und Bankenmisere, kurz zur
Lage allerorts und allerseits. Paul, agil und
wie immer von sportlichem Bewegungs-

drang zu geistigen Höhenflügen in Stakka-
to-Einwürfen beschleunigt, bestätigt, ver-
neint, verwirft: ja aber, nein doch, viel-
mehr, überhaupt nicht, nun ja, nana, so
nicht, wenn du meinst, ich nicht, natürlich,
aber, aber…

Fritzi kann´s nicht lassen, will wie immer
einen kleinen Dämpfer verpassen, die Höhenflüge auf Normalkurs absenken und
die Aufmerksamkeit auf sich selber len-
ken. Fehlstart natürlich, da ökonomisch
ohne Kompetenz. Hat einfach gelacht und
an falscher Stelle einen Einwurf gemacht.
Das macht Suse nicht. Sie lauscht mit of-
fenem Gesicht dem Wettstreit der beiden
Kontrahenten, beeindruckt von so viel
Sachverstand bei Hugo und Paul, ihrem
Ehemann, die beide so behände im Hand-
umdrehen die ganze Welt in den ländlichen Garten zaubern.

Silva verharrt kontrolliert abwartend.
Schließlich ist Olaf ja auch noch da. Seine
Stunde ist noch nicht gekommen. Aber sie
wird kommen. Sie kennt ihren Mann. Die
andern auch. Olaf bringt Ordnung in die
eifrigen Denkvorgänge und kühlt die hit-

zigsten Themen mit mathematischer Schärfe herab auf Plus-Minus-Mal-Geteilt-durch-xy-Beweisverfahren.

Beim Nachtisch ist es dann soweit. Hugo und Paul haben ihr Pulver so ziemlich verschossen, außerdem reichlich Rotwein getrunken. Ihr Herz wird generös, der Verstand etwas nebulös. Aber natürlich verstehen sie alles und sind geistig a b s o l u t präsent! Das nächste heiße Eisen kann angepackt werden! Sie lehnen sich zurück und warten. Jetzt ist Olaf dran. Er hatte seit dem letzten diskussionsfreudigen Treffen genug Zeit zum Nachdenken. Und genauso war´ s. Er hat gerechnet, geprüft, verifiziert und falsifiziert; die Epigenetik, ziemlich frisch auf dem Markt des wissenschaftlichen Zugewinns, neugierig anvisiert und analysiert.

Alle lauschen begierig. Paul und Hugo sind baff. Keiner hat bisher davon gehört! Fritzi steigt lässig ein. Epigenetik? Ja natürlich! S i e schon!! Die große Entdeckung im ersten Jahrzehnt unseres neuen Jahrhunderts.!!! Die beiden Herren halten sich bedeckt. Hugo besonders. Bei seiner

Frau weiß er nie so genau… Da ist erst mal Skepsis angesagt. Aber Olaf ist eine Autorität.

Er erklärt im kurzen Abriss die Erkenntnisse der Epigenetiker: Erworbene Merkmale können weitervererbt werden, ohne in den Genen vorhanden zu sein, und können Menschen voneinander abgrenzen. Zuviel für die Herren, wenn der Tag schon fortgeschritten ist und der Rotwein in den Gläsern leuchtet. Also muss ein Beispiel her. „Ihr würdet doch ohne Schwierigkeiten einen Japaner als Ostasiaten erkennen?" „Natüüürlich!." „Und eine Pariserin nicht für eine Baltin halten?" „Auf gar keinen Fall!" „ Einen Inder würdet ihr sicher nicht mit einem Schweden verwechseln, oder?" „Och, ich weiß nicht… Wenn seine Mutter oder sein Vater mit den Engländern im Krieg in Indien war und sich dort vergnü…", versucht Hugo seine Unwissenheit Rotwein–locker zu überspielen. „Gut", Olaf bleibt geduldig, muss aber seine Autorität sichern. „Ihr stimmt mir doch alle zu, dass keiner von uns, aber wirklich keiner, Hugo mit einem Pygmäen

verwechs…." Schallendes, eruptives, nicht enden wollendes Gelächter. Hugo, unser kleiner Pommer, inzwischen auf dem Umweg über Schleswig – Holstein und Hamburg westfälisch assimiliert, im Vergleich mit einem Pygmäen da irgendwo in Afrika??? Hahaha!!! Fritzis Phantasie explodiert. Ihr gehen die Pferde durch. Sie setzt zum Rundumschlag an und will jetzt die kühle Hamburgerin epigenetisch ins Spiel bringen. Doch Silva geht gleich in die Steigbügel und wehrt sich gegen das, was ihr schwant. Schade, schade, schade! Eine feurige Zigeunerin oder eine Kastagnetten -bewehrte Andalusierin im Wettbewerb mit einer coolen Hamburgerin? Welch´ ungeahnte Welten täten sich da auf!
So muss Paul allein herhalten.

Manchmal, wenn Fritzi später zu unpassender Zeit ins Badezimmer kommt, versetzt sie ihren entblößten Mann im Geiste in das afrikanische Buschland, wo er als Pygmäe, schmächtig und durchweg nackt, nur mit einem Scham- gebotenen Wedelläppchen bekleidet, die kargen Weiten durchstreift und als Häuptling seine angeborene Führungskraft beim Suchen und Finden der spärlichen Gaben der Natur beweist. Sein ebenso spärlicher Häuptlingsstuhl steht schon seit Jahren als Reisesouvenir im Flur. Etwas klein, schmal und niedrig, beweist er die Epigenetik nach Olafs gängiger Lehrmeinung. Denn Hugo würde ihn unter seiner assimilierten Westfalen-Fülle schier verschwinden lassen.

Bensberger Nächte sind lang

„Vor fünf Uhr gehen wir nicht ins Bett!" verkündete Suse entschieden, noch ehe sie sich richtig begrüßt und gemustert hatten. Das Bettzeug für die spärliche Restnacht wurde, handlich verpackt im Spannbettlaken, durchs Küchenfenster gereicht, die Reisetasche ebenso, die zwei Besucher vom Land noch kurz hereingebeten, zur Toilette geschickt und auf stadttaugliche

Außenwirkung überprüft – dann trat Plan A in Kraft.

Grobziel: Kölner Altstadtbummel – laut Mehrheitsbeschluss in Sommernachtsstimmung auf dem Land hinter den Sträuchern vor Monaten formuliert:

Feinziel 1: gemeinsame Fahrt im alt gedienten Opel Astra zum Parkplatz des WDR, Appellhof Platz,

Feinziel 2: gemächlicher Fußbummel durch die Altstadt,

Feinziel 3: Besuch verschiedener Altstadt-Kneipen zum allseitigen Vergnügen und zum besonderen der Kölnunkundigen Grenzgänger aus dem ländlichen Streifen zwischen Münsterland und Ruhrgebiet,

Feinziel 4: Heimkehr in weiter Ferne, so gegen 5.00 Uhr in der Morgendämmerung.

Plan A entfaltete sich und seinen unbestechlichen Charme.

Die Kneipen boten fußläufig in hinreichender Zahl und Dichte weltliche Freuden und himmlische Genüsse. Das Lachen der vergnügungssüchtigen Wochenend-Schwirrer füllte Seelen und Kneipen. Zigarettendunst waberte verbotsfrei durch den Raum, und Kölsch lief locker-leicht durch gierige Kehlen. Der Alkohol beflügelte sanft und unbeirrt auch unser Quartett - Minus eins, den auserkorenen Rückfahrer, nämlich Fritzi. Als Insider, d.h. als Kneipenkind der Kriegs- und Nachkriegszeit, missachtete sie ihn, den Alkohol, überwiegend und gründlich. Die Stimmung des Terzetts konnte sich also ungehemmt entfalten und dem schwankenden Höhepunkt zustreben. Fritzi behielt den Überblick – darauf war Verlass - und den nüchtern-ernüchternden Detail-Blick in glasige Augen, auf tastende Hände, küssende Schnauzbärte, schwankende Hungertürme, bulimische Breitgleiter, zielstrebige Platzhirsche, entgleitende Gesichter und ähnliche Ungereimtheiten… . Das Karussell der Möglichkeiten drehte sich unentwegt, wurde im Laufe der durchzechten

Vergnügungsstunden allmählich langsamer, verlor seine bunte Vielfalt und leierte schließlich ermüdet der Leere zu. Der Abstieg der alkoholgetränkten Helden in den Orkus der enthemmenden Kümmerlinge begann.

Plan A, Feinziel 4 hatte für diesen Zeitpunkt der allgemeinen Vernebelung die Rückfahrt vorgesehen. Die aber hatte Suse, siehe oben, auf fünf Uhr anberaumt.

Hugo hatte unbekümmert zugestimmt.

Paul hatte „Na ja, warten wir's ab" gesagt und Fritzi insgeheim auf ein Erschlaffen der Kräfte und Lust so gegen zwei Uhr gesetzt. Da hat erfahrungsgemäß der Alkohol seine Wirkung getan.

Jetzt war es 2.30 Uhr.

Also! „Auf, auf ins Bett!!!" dachte, hoffte, seufzte sie still in sich hinein.

Taktik und Strategie waren jetzt gefragt. Das wusste sie. Nicht drängen und fordern, nicht meckern und quengeln. Nein, der Wille zur Einsicht in die Weitsicht bis zum bitteren Kater am folgenden Morgen musste sich – Bacchus sei ihnen gnädig – aus dem alkoholisierten Diffus-Gewaber

eigenmächtig erheben und - allen selbst-
produzierten Anfeindungen und Wider-
ständen zum Trotz - vor allem eins -
durchhalten.

Da fiel Paul um!

Mit einer eleganten Flanke über die Raum
trennende Brüstung wollte der Sportler
den Weg zum Ausgang verkürzen und die
andern bewundernd erblassen lassen.
Doch er rutschte, geräuschlos und selbst
erblasst, wie ein federgefülltes Luftkissen
hinter der Brüstung an der Wand entlang
zu Boden. „Paul!" Alle schrien auf. Paul
blickte etwas wirr.
Die Besorgnis überschlug sich. Hugo or-
derte sogleich einen Krankenwagen beim
Wirt. Doch der schickte sie an die frische
Luft. Sie packten ungehalten den Verwirrten, schleppten ihn nach draußen, setzten
ihn auf die Bank und winkten aufgeregt
dem Taxifahrer zu, der zum Glück nur 20
Meter von ihnen entfernt am Straßenrand
stand. Er sollte sie sofort zum Krankenhaus bringen!

Der Taxifahrer rührte sich nicht. Sie winkten nachdrücklicher. Die gleiche Nicht-Reaktion. Hugo lief zu ihm. Doch der Taxifahrer bewegte sich nicht. Nicht er wollte zu ihnen kommen, sondern sie sollten zu ihm kommen. Da platzte ihnen gemeinsam der Kragen. Sie straften ihn mit vernichtenden Blicken und der verdienten Gewinneinbuße, zogen Paul von der Bank und machten sich auf den Weg. Bis zum Appellhof -Platz war es nicht weit. Das würden sie schon schaffen!

Ihr Wille machte mobil. Aber hallo!!! Adrenalin gluckerte träge hinterher. Suse, treusorgende Ehefrau, Promille im Blut, sicherte das Terrain und umflatterte unruhig ziellos den Verwirrten. Hugo, treusorgender Freund, ebenfalls Promille-getränkt, und Fritzi, treusorgende Freundin, nicht Promille-enthemmt, packten Paul unterschiedlich fest an beiden Armen und bewegten ihn und sich zielstrebig unkoordiniert vorwärts. „Paul, halt´ die Hände hoch!" befahl Hugo. „Paul, du musst die Hände hoch halten!" echote Suse. Sie taten ihm weh, die zarten Händchen.

Aber warum bloß? Sie wussten es nicht. Und er? Er sagte es ihnen nicht. Er schwieg und blieb blass.

Die Promille- Getränkten wiederholten ihr Kommando, einmal, zweimal…Er musste ins Krankenhaus. So schnell wie möglich. Das war ihnen klar. Also ab in den Astra nach Bensberg! Die Richtung kannte Fritzi ja. Aber im Auto fing Suses Gehirn an zu arbeiten. Nicht nach Bensberg, nein, nein, nein, nach Grefrath. Da kannte sie doch Frau Dr. Soundso.

So, so! Also Richtungsänderung, nach Grefrath. Die Richtung kannte Fritzi zwar nicht, aber die sachdienlichen Hinweise kamen von der Rückbank. Neben ihr hing Paul, fest verankert im Sicherheitsgurt, und schwieg noch immer. Plötzlich ein Stöhnen: „Mir ist schlecht." Ab an den Bordstein, Einsatz der Hilfstruppen Suse und Hugo, Auf- und Abbewegung des Patienten. „Tief atmen, Paul. Du musst gaaanz tief ein- und ausatmen." Sie machten es ihm vor. „So, Paul, so, gaaanz tief!" Der Erfolg war durchschlagend. Ihm war nicht mehr schlecht, und sie waren fast nüchtern.

Im Krankenhaus angekommen, strebten sie zielstrebig und schnell der Rettung entgegen. Die schlurfte gemächlich im weißen Knitterkittel heran, fragte dies und das, wollte Frau Dr. Soundso auf keinen Fall im Schlaf stören – dienstfreies Wochenende, fachlich nicht zuständig und dergleichen mehr an unerwünschten windigen Erklärungen – und beorderte den Patienten endlich dahin, wo er ihrer Meinung nach schon längst hätte sein müssen. Suse begleitete ihn durch die Tür zum OP, Hugo wartete vor besagter Tür, Fritzi nahm im 10-Meter-Abstand von der Tür auf einer Bank Platz und hoffte inständig auf ein gutes Ende jenseits der Tür. Nach geraumer Zeit kam Hugo zum Zwischenbericht und mahnte seine Frau: „Du musst jetzt ganz ernst sein und darfst nicht lachen."

Was redete der bloß für einen Unsinn? Nach Lachen war Fritzi nun wirklich nicht zumute! Da schwirrten wohl immer noch einige realitätsferne alkoholische Restbestände in seinem Blut.

S i e hatte den Ernst der Lage längst in seiner ganzen Tragweite erfasst, ohne die jetzt zu erwartenden Einzelheiten zu kennen. Als Paul dann endlich durch besagte Tür kam, hielt er beide Hände in die Höhe, strahlend weiß…., gegipst von der Handwurzel bis zum Ellbogen! Es war zum Lachen. Wenn es nicht so traurig gewesen wäre. Er, ihr quirliger Tennisspieler und Radfahrer, war außer Gefecht gesetzt! Voll Mitgefühl nahmen sie ihn in ihre Mitte und lehnten das kaltherzige Angebot des Arztes, ihn im Krankenhaus zu lassen, ganz entschieden, nahezu empört, ab. Zielstrebig gingen sie die Treppe hinunter, auf die Tür zu …und …. „Aber was soll ich denn jetzt mit Paul machen? Der kann seine Hände ja gar nicht gebrauchen! Der kann doch noch nicht mal alleine aufs Klo! Und zur Arbeit kann er auch nicht!" Suse war jetzt hellwach, Hugo auch. Fritzi wurde langsam müde.

„Er muss hier bleiben!", entschied Suse resolut. Also Kehrtwende, wieder die

Treppe hinauf, zu dem Arzt, der sie schon, d.h. noch immer erwartete. Er verwies sie an eine Krankenschwester, die sie zu einem Zwei-Bett-Zimmer brachte, das im grauen Halbdunkel der fortgeschrittenen Sommernacht lag. Bleich und schweigsam schaute der dort vorrätige Patient auf das befremdliche Aufgebot und auf den ebenfalls schweigsamen Neuling.

Paul war in Sicherheit!

Alle waren beruhigt und erleichtert. Alles andere würde sich schon regeln. Er konnte jetzt endlich schlafen. Wie das mit zwei eingegipsten Unterarmen gehen würde – Rückenlage, Wende rechts, Wende links, ab zur Mitte – wollten sie gar nicht so genau wissen. Sie wussten nur, dass er jetzt schlafen konnte und sie endlich schlafen mussten.

Im Astra ging es durch menschenleere Straßen ziemlich schnell nach Bensberg. Ein letzter Drink, eine müde Rückbesinnung, ein reumütiges Hätte, Wenn und Aber...

Es war fünf Uhr! Sie mussten jetzt, verflixt noch mal, endlich ins Bett. Das hatte Suse doch schon bei der Begrüßung gesagt!

Aber hallo!

Alle Jahre wieder kommt samstags nicht das Christuskind, sondern Wladimir, klopft an die Küchentür und ruft tiefkehlig fremdländisch: „Hallo?" Fritzi eilt dann freundlich grüßend herbei, vertröstet ihn für einen Moment und benachrichtigt ihren Ehemann, der natürlich wieder nichts gehört hat: rechtes Ohr defekt, linkes Ohr schwächelnd, Hörrohr unerwünscht.
Die beiden sprechen das Gartenprogramm durch. Dann gehen sie an die Arbeit: Unkraut jäten, Bäume beschneiden, Kompost wenden, Buchsbaum auf Form stutzen, Laub harken… Was die Jahreszeit so verlangt. Ruhig und beständig wird gearbeitet, kaum ein Wort gewechselt. Die ideale Beschäftigung für Männer, die nicht zuhören wollen und leidenschaftlich gern den

Mund halten, wenn sie ihren lebhafteren Frauen ordnungsgemäß entkommen sind. In der Zwischenzeit steht Fritzi vor einem umfangreichen Tagesprogramm. Ausgerechnet samstags, wenn andere sich freizeitlich vergnügen, hat sie viel zu tun: aufräumen, einkaufen mit kleinen Gesprächseinlagen zur dörflichen Kontaktpflege, Mittagessen vorbereiten für die hart arbeitenden Schweiger, Zeitung überfliegen, dann auf dem Rückmarsch in die Küche auf dem Klavierhocker zwischenlanden und ganz schnell mal „Apple tree and cherry blossom" spielen – die Klaviernoten von gestern stehen noch aufgeschlagen da – ach, und dann noch eben „Dawn" und den „Meckie Messer" und und und… Dann ist der Eintopf dran, bevor die „Trappisten" hungrig mit dem Löffel auf den Teller schlagen. Also, mit Trotz und Altersbeben in der Stimme den letzten Song, natürlich mit Wiederholung und bedauerndem Abschlussseufzer, und ab zum Wirsingeintopf, geruchsintensiv, Raum füllend…lecker.

Um 13.00 Uhr ruft Fritzi die schwitzenden Arbeiter. Wladimir, Kasache mit deutscher Frau, fleißig und folgsam, lässt die schmutzigen Arbeitsschuhe d r a u ß e n und bringt nur den Geruch vom Komposthaufen mit in die Küche. Hugo, Hausherr mit ebenfalls deutscher Frau, fleißig, aber hörgeschädigt und lernresistent, lässt die Schuhe a n und den Kompostgeruch r e i n.

Ab aufs Klo, Freiraum schaffen für das eine oder andere Bier, Hände waschen und an den Tisch, den Küchentisch sicherheitshalber. Der eine weiß nicht, was das Messer beim Eintopf zu suchen hat, stützt sich vertrauensvoll auf den Tisch, hängt das Gesicht in den dampfenden Wirsing und befördert ihn schlürf, schlürf im Rundschlag in den Mund. Der andere sieht das Messer, guckt geflissentlich daran vorbei - Solidarnosc lässt grüßen -, weitet erwartungsvoll die Nüstern und befördert schmatz, schmatz den Wirsing in den lüsternen Mund.

Schmatz, schmatz, schlürf, schlürf, schluck, schluck… Erste Runde. Jetzt tut das Bier seine Wirkung. Es lockert das archaische Männergespann. Wladimir kann reden! Fritzi wundert sich und versteht wenig. Er schwelgt in Erinnerung an derbe Kasachenkost mit Nierchen, versülzten Schweinsfüßen, gepfeffertem Gulasch – alles wild vermengt im russisch-deutschen Sprachenmix. Und Hugo, der Schweiger, kann zuhören! Er nickt zufrieden und bestätigend – nur immer an der falschen Stelle. Das Bier tut weiter seine Wirkung. Zweite Runde. Fritzi liegt – ohne schlürf und schmatz – wie ein Luchs auf der Lauer, um herauszufinden, worum es bei diesem Abgesang auf die kasachische Küche überhaupt geht. Ist das Essen auf diese unterhaltsame Art zur Zufriedenheit der Hauptpersonen gelungen und beendet, geht es gewöhnlich wieder an die Arbeit. Eine Bierflasche wird an die Buchsbaumhecke gestellt, um die Männer bei Kraft und Laune zu halten.

Am letzten Samstag gab es eine Programmänderung im samstäglichen Ablauf. Schon um 14.00 Uhr wurde nach dem vertrauten Geschehen die Arbeit beendet,

Wladimir verabschiedet und Hugo in die Badewanne beordert. Er wurde eingeseift, geschrubbt und gerubbelt, die Nägel gestutzt, Ohren und Nase geputzt. Und Schritt für Schritt verwandelte sich der Gummistiefelpatscher und Eintopfschlürfer deutsch-kasachischer Gartenverbrüderung in einen gepflegten, silbrig glänzend ergrauten Herrn, den "elder statesman" der Extra-Klasse Ortsteil Klein-B., 7000 Seelen.

Nachdem auch Fritzi sich entsprechend verwandelt hatte, konnten sie mit ihrem Kleingepäck den Wagen besteigen und in die große Welt aufbrechen: Richtung Köln, Endziel Bensberg. Silva wurde 60 und feierte großbürgerlich großzügig im Schloss Bensberg, Hotel der Extraklasse, fünfeinhalb Sterne.

Die Metamorphose griff. Die Aufregung war freudig erwartungsvoll, das Ambiente vielseitig, vielfarbig generös, die Gäste international. Hugo, in gepflegtem Grau und aus dem Gartendämmer endgültig erwacht, taxierte, ganz Ökonom der Kieler Schule, rege das Kosten-Nutzen-

Verhältnis der Unternehmung. Silva strahlte ihre Gäste an, völlig unerschüttert von dem Blick ins neue Lebensjahrzehnt. Um 19.00 Uhr schritten sie zu Tisch, an die festlich gedeckte Tafel mit erlesener Menükarte.

Fritzi zur Linken sitzt der Herr Gemahl, zu ihrer Rechten ein Herr aus dem fernen Kiel, in der Kommunalpolitik tätig wie ihr Ehemann, bis auf den doch zu erwähnenden Größenunterschied zwischen einer Landeshauptstadt und einer ländlichen Kleinstadt.

Und so eröffnet natürlich auch der Kieler das Gespräch, gibt die thematische Vorlage und berichtet ganz entschieden aus dem erfolgsverwöhnten familiären Umfeld. Womit seine gesellschaftliche Bedeutung unmissverständlich für alle Zuhörer geklärt ist. Fritzi beschleicht ein Unbehagen. Wenn das so weiter geht, wird sie den ganzen Abend zum Schweigen verdammt sein, was ihr das Fest gründlich verderben würde. Sie verharrt höflich abwartend. Hugo, der sich normalerweise schon längst in die Arena der sich rhetorisch

Wetzenden begeben hätte, sitzt zu ihrer Linken, mit dem rechten, sich hartnäckig verweigernden Ohr Richtung Redner. Blitzschnell taxiert und negiert er seine Chancen der publikumswirksamen Teilhabe und eröffnet, unter Mobilisierung seines einsatzfähigen linken Ohrs, einen Nebenschauplatz. Seine Nachbarin, mit ihrem umfangreichen wissenschaftlichen Werk zur Musik-Pädagogik an eigene, nicht fremde Redebeiträge gewöhnt, weitet ihr Herz und leiht ihm großmütig ihr Ohr. Er nutzt diese Chance ungeniert und plaudert munter und rege über seine Freude am Saxophon, das er so gerne spielen würde, wenn er eins hätte und es spielen könnte und nicht noch erst Unterricht nehmen müsste, was er zwar täte, wenn er Zeit hätte und wenn sein Ohr, das rechte, noch funktionierte und ihn nicht ständig betröge und die Töne verböge.

Fritzi ist sprachlos. Von Saxophoninteresse hatte sie bisher noch nichts gehört. Bevor sie der Neid auf ihren Verwandlungskünstler übermannt, wendet sie sich wieder ihrem Tischnachbarn zu, packt das erste geeignete Stichwort beim Schopf und macht mit einer lässig hingeworfenen Bemerkung klar, dass sie die Ebene des Small-Talks zu verlassen wünscht, um sich an Grundsätzlichem zu versuchen. Ihren Vorrat an Beiträgen taxiert sie realistisch als hinreichend für zwei Stunden. Und siehe da! Ganz schnell befinden sie sich in einer Diskussion, die über die Begrenztheit einer alltäglichen Konversation hinausführt und bei seinen Mutmaßungen über die ausschließlich männliche Urheberschaft von Kriegen landet. Der einsame Verfechter dieser Theorie findet Fritzis volle Unterstützung, kurz und durchschlagend begründet – und schon schweben sie auf der Woge der Harmonie und gegenseitigen Sympathie. Ein wunderbares Gespräch, unbeirrt vom Saxophon zur Linken und Tennis zur Rechten, führt sie in das weite Feld der grundsätzlichen Fragen. Der Alkohol beflügelt sie und verleiht ihnen eine lässige Großzügigkeit im Umgang mit der Welt, ihren Geschöpfen und ihrer bunten Unermesslichkeit.

Sie sind in ihrem Element, jeder in seinem, bis sie, der Bitte der Gastgeberin gehorchend, gegen Mitternacht in die Bar aufbrechen.

Dort herrscht das freie Spiel der alkoholbeschwingten Kräfte. Saxophon und Weltschmerz passé, werden die Karten neu und ziemlich schnell gemischt. Altersgrenzen werden im Dämmerlicht kühn übersprungen, das eine oder andere Trinklied volltönend gesungen, das perlende Sektglas verbrüdernd geschwungen – bis aus schwarzem Ledersessel in dunkler Ecke tiefkehlig eine fremdländische Stimme erklingt: „Hallo!"

Hallo? Aber hallo! Das kommt Fritzi bekannt vor. Mühsam arbeitet ihr alkoholgedämpftes Gehirn. Verzögert meldet es: „Wladimir!?" Aber Wladimir ist doch zu Hause. Der sitzt mit seinen Gummistiefeln und drei Unterhosen unterm Regenschirm am nächtlichen Fluss um zu angeln! Zander, Brasse und andere fischige Leckerbissen für den heimischen Küchentisch! Was soll Wladimir mit seinen Gummistiefeln im Bensberger Schloss? Selbst wenn er sie ausgezogen hätte! Aber hallo! Hallo, hallo, hallo!? Langsam, aber beständig robbt sich Fritzis Gehirn, rechts- linksseitig mobilisiert, an die Lösung heran. Das ist nicht Wladimir, zumindest nicht ihr Wladimir. Das ist Wladimir, wie er sein könnte, wenn er Geld hätte! Oder wenn er eine Frau hätte, die Geld hätte! Oder wenn die Frau Eltern hätte, die Geld hätten! Oder wenn seine Eltern Geld hätten? Hätte, Wenn und Aber rattern dröhnend durch ihren trägen Verstand. Hätte hat er aber nicht. Wenn sie sich recht erinnert.

Fritzi stiert in die Ecke, wo gerade irgendeine russische Wladimir-Ausgabe ohne Hätte, Wenn und Aber mit Sekt, Gold und funkelnden Brillanten eine üppig überbordende Schönheit vom Baikal-See becirct, die mit lüsternem Blick ihr goldenes Haar nach den schüchternen Fremdlingen auswirft. Vorsicht, Vorsicht! Die Damen sind in Alarmbereitschaft, aber durchaus offen für einen kleinen fremdländischen Flirt im Schutz der Dämmerung, die sie so wunderbar verjüngt.

Und Wladimir ohne Hätte, Wenn und Aber startet seine Charme-Offensive mit selbstherrlichem Grinsen und bleckt siegesgewiss seine goldenen Zähne. So viel Gold!!! Die Damen schrecken zurück. Zu viel für sie! An der langen Leine ihrer Großzügigkeit fangen sie schnell ihre Männer wieder ein. Besser für sie!
Die Metamorphose kommt wieder in Gang, zurück zu archaischer Besitzstandswahrung. Mit grollendem Gemurmel und schwankender Drohhaltung schließen sie sich zu einer alkoholgetränkten Wagenburg zusammen und blicken ganz fest mit glasigen Augen in die glasigen Augen ihrer russischen Versuchung – bis deren Blick erlahmt und ihrer trübe wird und der eine wie der andere sich löst und ziellos durch zerfallene Gesichter irrt auf der Suche nach dem erlösenden Bett ohne Gesichter.

Big Spender

In diesem Jahr sollte endlich Opas Traum Wirklichkeit werden.

Die Sterne standen günstig: Die Börse war noch nicht zusammengebrochen, die Familie naturgemäß freudig überrascht, die Osterferien termingerecht, und Hildchen, die spendierfreudige, etwas ältere Tante, hatte gerade eine Lücke in ihrem Jahresreiseplaner und ein Überangebot in ihrem Budget. Wie gesagt: Die Sterne standen günstig.

Schon lange hegte und pflegte Opa seinen Traum aus der frühen Kinozeit: Drei Männer im Schnee! Einmal in seinem Leben wollte er einer von den drei Männern im Schnee sein. Er kann zwar nicht Skilaufen, und vom Wandern durch den tiefen Schnee hält er auch nichts. Er liebt es eher gemächlich, d.h. wenig Energievergeudung durch Eigenbewegung, aber Optimierung der Gesamtbefindlichkeit durch den Verzicht auf selbige. Aber so eine Schneeballschlacht mit den Enkeln und Rotwein als Après-Schneeball ohne die minderjährigen Burschen, dafür aber mit dem ebenfalls Ski-untauglichen Schwiegersohn – das erschien ihm als der Inbegriff höchster Winterfreuden. Die wollte er sich und seiner Familie endlich ermöglichen. Alle warnenden Einwände seiner Ehefrau – schließlich kann man eine Schneeballschlacht auch zu Hause haben, dazu noch kostenlos –schlug er in den dafür bekannten Wind. Die anderen Mitreisenden waren begeistert. Sie kannten Opas geheime Sehnsüchte nicht.

Der ging aufs Ganze:
Das Hotel musste exzellent sein und eine vorzügliche Küche anbieten…Das Reisebüro sorgte dafür. Die Anfahrt zum Fernzug musste auf der eigenen Auffahrt zwei Meter vor der Haustür beginnen…Ein Großraumtaxi ermöglichte sie. Die Fahrt sollte beschwerdefrei verlaufen…Die Bahn würde seine Koffer und die der Ehefrau vorausschicken. Ein Schlafwagen sollte eine angenehme Nachtruhe ermöglichen…Das Reisebüro buchte entsprechend. Hildchen, die etwas ältere Tante,

musste als rechnerisches Überbleibsel angemessen mit einer sitzenden Einzellö-
sung versorgt werden...Die Bahn ermöglichte selbige im unmittelbaren Einzugsbereich des familiären Doppel-Schlafabteils.
Ein Speisewagen sollte dann im rollenden
Verfahren die freudige Einstimmung in
das Großereignis befördern...
Opa, der berufsgeprägte Chefplaner, hatte
seine Kompetenz überzeugend in den Ru-
hestand gerettet und ganze Arbeit geleis-
tet. Alle Mitreisenden verfielen in die ge-
bührende Achtungshaltung einschließlich
Folgebereitschaft – bis auf die Skepsis
pflegende Ehefrau der Widerstandsbewe-
gung im Nahbereich der Beziehungen.
Na ja...Dergleichen kennt man ja.
Die Reise konnte beginnen. Die Koffer
waren unterwegs. Piet, gerade fünf Jahre
alt, erzählte im Großraumtaxi schon mal
einen ersten Witz, sinnigerweise vom
schwulen Adler, der zu seinem Horst
fliegt, zu Opas Namensvetter also. Der
Nachtzug rollte pünktlich ein, der Einstieg
klappte mühelos, die Unterbringung wurde

gemäß der umsichtigen Platzreservierung in Angriff genommen.
Jedoch…
Die Luxusvariante eines auf sechs Personen ausgelegten Schlafabteils mit mittiger Dusche einschließlich WC wirkte etwas beklemmend. Max, der zweibeinige Kletteraffe von zehn Jahren, bekam in der dritten Etage des Hochbetts unerwartet Platzangst. Und Hildchen war aus bis heute unbekannten Gründen mit ihrer Reservierung zwei Abteile weiter n i c h t einverstanden. Neuorientierung auf dem Boden der Tatsachen war also angesagt:
Der kleine Opa und der lange Papa schlafen unten, die lieben Kleinen in der Mitte, und Oma und Mama – seit grauer Vorzeit auf heldenhafte Aufopferung an der Familienfront sozusagen konditioniert – klettern nach oben in die dritte Etage!!!
Nun blieb nur noch Hildchens wunschgemäße Unterbringung übrig.
Also machte sie sich auf die Suche!
Im Gefolge:
der Zugbegleiter als eidlich beurkundete Autoritätsperson m i t Fahr- und Reser-

vierungskarte ausgestattet, Opa o h n e jegliche Bahn-Fahrpraxis, aber als Hildchens Bruder blutsmäßig durchschlagend legitimiert, und sein Schwiegersohn Gero, Hildchens Schwiegerneffe, m i t Bahn-Fahrpraxis u n d juristischem Fachwissen zweifelsfrei prädestiniert für dergleichen Vorhaben.

Oma und Mama standen im Gang und schüttelten verwundert den Kopf, als der hochkarätige Suchtrupp im geschlossenen Verband den Wagen Nr. 5 verließ und im nächsten nach einer Hildchen genehmen, allerdings nicht-reservierten Lösung fern der Familie suchte. Irgendetwas lief da falsch. Darüber waren sich beide einig. Aber bei so viel Kompetenz versagte selbst der mehrfach erprobte innerfamiliäre Widerspruchsgeist – und gab sich endgültig geschlagen, als alle zufrieden lächelnd von der Exkursion in fremde Gefilde zurückkehrten. Hildchen hatte einen ihr genehmen Platz im nächsten Wagen gefunden, beglaubigt und gutgeheißen von zwei Beamten und einem Juristen. Na bitte! Geht doch.

Jetzt konnte endlich plangemäß der vergnügliche Teil der Reise beginnen: unbeschwertes Essen und Trinken im Speisewagen ohne Zeitbegrenzung und auf Opas Kosten! Also nahmen alle hintereinander Aufstellung und marschierten, Orientierung suchend, zum Zugbegleiter, der sich gerade so überzeugend bewährt hatte.

Vergeblich! Der war zwar vor Ort, ein Speisewagen aber nicht. Es war doch ein Nachtzug!!! Da wird geschlafen und nicht gegessen!

Ein harter Schlag für Opa, an den Erfolg seiner Vorhaben gewöhnt, und für seine Gefolgschaft, von dessen Erfolg so oft verwöhnt! Es blieb nur noch die Billigvariante: pappiges Sandwich, Dosenbier und Dosensprite auf der harten Bettkante mit eingezogenem Kopf aus dem Rama-Pappkarton des Bahnbegleiters. Opas Planwirtschaft hatte eine herbe Niederlage erlitten.

Stimmungsmäßig vorübergehend angeschlagen, kletterten alle früher als erhofft in ihre Betten, hart, schmal, ohne Weitsicht, aber mit uneingeschränkter Teilhabe an der nächtlichen Geräuschwelt kerniger Männerkehlen. Doch irgendwann fielen sie alle in einen sich irgendwie entfalten-den Schlaf.

Morgens gegen sechs Uhr war´ s damit vorbei. Aus unbekannten Gründen rumpel-te und ruckte, polterte und knallte es. Selbst die Dosenbier-seligen Tiefschläfer wurden jäh geweckt. Kurz danach kehrte, ebenfalls aus unbekannten Gründen, wie-der Ruhe ein. Alle konnten noch eine Stunde erwartungsvoll vor sich hindösen. Dann hieß es aufstehen, Katzenwäsche machen, Hildchen wecken, Mannschaft sammeln und startklar machen zum Aus-steigen in Innsbruck.

Also Einsatz für Gero, den Schwiegernef-fen. Er begibt sich anweisungs- und verab-redungsgemäß auf den Weg zu Hildchens Wagen Nr. 4., um sie zu wecken. Mit fes-ter Hand packt er den Griff der trennenden Wagentür und - blickt in eine morgenkla-re, wunderbare, weiße Bergwelt! Es ver-schlägt ihm den Atem. Soviel Schönheit! Soviel Weite – und soviel Leere! Da wird selbst ein Ostwestfale schwach. Es rauscht in seinen Adern, es rauscht in seinem Kopf…Wo…wo …wo ist der Waggon? Wo ist der Zug? Der war doch gestern noch da! Und wo ist Hildegard???

Panik bricht aus. Der vordere Zugteil ist offensichtlich weg, und zwar samt Hildchen, der etwas älteren Dame. Wer weiß, wohin die jetzt fährt. Wo ist bloß der Zugbegleiter? Der muss es doch wissen! Warum wusste er gestern Abend noch nicht, dass Hildchen heute samt Zug verschwinden würde? Adrenalin schießt ins Blut, Schreie gellen durch den Gang, der Zugbegleiter wird beschimpft und angegiftet. Mama übernimmt das Kommando und droht ihm sicherheitshalber gleich mit dem Strafgesetzbuch. „Aber sie wollte doch da sitzen!". jammert der verwirrt und hilflos. Mama mobilisiert den Lokführer. Ob der wenigstens weiß, wohin sein Zug-Vorderteil mit Hildchen jetzt fährt. Piet muss vor Aufregung aufs Klo. Max befördert ihn eilig hin und zurück. Alle halten alle Handys im Anschlag – Papa, Mama, der Lokführer. Da endlich – Zug geortet, Richtung Süden. Handyklingeln bei Gero, dem Schwiegerneffen. Hildegard, frohgemut und unerschüttert, berichtet aus ferner Schneelandschaft von ihrer Reise mit unerwünschtem Ziel. An der nächsten Haltestelle solle-wolle sie aussteigen und den Zug nach Innsbruck nehmen. Da würden sie sich dann gegen 11.30 Uhr treffen. Halleluja! Hildchen da – alles klar.

Zur Entschädigung für entgangene Speisewagengenüsse und zur Überbrückung der Wartezeit gab es im Innsbrucker Bahnhof erst einmal ein umfangreiches Frühstück. Und dann? Wieder kein Hildchen! Ein neuerlicher Anruf: Hab´ den Anschluss verpasst. Komme eine Stunde später. Als unser Zug in den Bahnhof einfuhr, fuhr der Innsbrucker raus!

Ei, der Daus.

Irgendwann gab es dann doch ein Wiedersehen. Und irgendwann kamen sie auch im Hotel in Nauders an. Doch leider, leider, man muss es gesteh´n: Von Omas und Opas alleinreisenden Koffern war nichts zu seh´n! Da halfen nur Essen und Rotwein, reichlich genossen. Sie trösteten über erlittenes Unrecht hinweg. Es würde sich schon alles zu vollster Zufriedenheit klären. Sie lachten sorglos und nahmen zur Erhöhung der körpereigenen Temperatur den nächsten Schluck, dann noch einen und sicherheitshalber noch diesen und jenen, um so die fehlende Nachtbekleidung wettzumachen.

Am nächsten Morgen war die Rotweinwirkung weg - und die Koffer waren nicht da. Also Reisebüro anrufen, um die entsprechende Nummer der Bahn zu erfahren. Nur am Sonntag ist das Reisebüro natürlich geschlossen. Also Wäsche kaufen, für den Notfall. Und siehe da! Opa erscheint ganz modisch in eng anliegendem, körperbetontem Olivgrün. Ein ungewohnter Anblick für beide, für Oma eher belebend, für den konservativ Verharrenden eine geschmähte Notlösung.

Der Montag brachte endlich die ersehnten Koffer und damit das Ende der Mangelverwaltung. Aber das bzw. die hätten sie schon eher haben können, wenn, tja, … wenn Oma im Reisebüro besser aufgepasst hätte und die sachdienlichen Hinweise gehört, … ja wenn sie nur Achtung, Achtung

Beleg! in irgendeiner Hirnfalte abgespeichert hätte!

Hätte, wenn und aber…!!!

Es hätte trotz allem immer noch ein richtiger Drei-Männer-im-Schnee-Urlaub werden können, wenn die zwei Burschen nicht schon am ersten Tag im Ski-Unterricht verschwunden wären! Was in einem Ski - Urlaub ja durchaus üblich ist. Und wenn die beiden Ski-unwilligen Männer nach einmaliger Besichtigung der Piste nicht so konsequent auf weitere Höhenflüge verzichtet hätten…

Aber das üppige Frühstück in der kleinen Großfamilie und die kulinarischen Genüsse am Abend und der Rotwein dazu und hinterher und in der Bar und… Ach, einfach wunderbar!

Es war eine ereignisreiche, schöne Reise. Hätte Hildchen bloß nicht …, wenn der Schaffner doch bloß…, hätte Oma nur…

Danke, Big Spender!

Bettgeflüster

Bett 1

Bett eins war das Bett der Gründerjahre, das erste Bett in der eigenen Wohnung: ein französisches Bett, 1,50 x 2 m, blauer Chintzbezug, Seitenvolant bis zum Boden, weißes durchbrochenes Kopfteil aus Holz, vier schmale Metallbeine, erstaunlich dünn. Sie mussten das Bett und natürlich auch Hugo und Fritzi tragen. Es war ein Traumbett mit einer durchgehenden Bettdecke. Man konnte sich aneinander kuscheln und im Laufe der Nacht auf Abstand gehen. Man konnte sich miteinander vergnügen und träumend alleine liegen. Es war das Bett aller Möglichkeiten für ungefähr fünf Jahre.
Dann zeichnete sich allmählich ab, wer Herr im Haus war. Ganz schwach anfangs, dann immer deutlicher wurde Hugos Vormachtstellung mittig eingedellt. Am rechten Rand, bescheiden schmal, war

Fritzi verortet, immer näher als Monsieur am Wecker und den übrigen Alltagspflichten.

Hugo ließ sich neuerdings politisch vereinnahmen. Die auswärtigen Abende wurden zahlreicher, länger und genussorientierter, die Kuschelnächte seltener, kürzer und schnelllebiger. Und ganz nebenbei, im schleichenden Verfahren, gewann der Platzanspruch eine runde, tiefgehende Dreidimensionalität. Fritzis rechte Randlage bekam eine leichte Schieflage, so dass sie sicherheitshalber mit ihren Füßen an seinen gegensteuerte. Was wiederum nur bei warmen Füßen genehmigt war. Bei kalten nützte keine Anfrage, sondern nur die Wärmeflasche. Ab und zu belebten muntere Berichte von heißen politischen Debatten die Bettzweisamkeit. Aber wehe, wenn die politischen Nachbesinnungen in der Küche stattfanden, der Aschenbecher überquoll, der Zigarettenrauch unter der Schlafzimmertür durchkroch! Dann wurde aus der Bettzweisamkeit eine eiskalte Einsamkeit. Hugo, nach entsprechender Alkoholdosie-

rung frech wie Pani Pronz im Pommern-
land, dominant in der Mittellage, Fritzi
ohne Auswanderungsmöglichkeit jetzt in
verzweifelter Randlage.
Am nächsten Morgen sorgten Versprechen
aller Art mit sehr begrenztem Haltbar-
keitsdatum und Mäuschen- und
Liebling - Gesäusel für Rück- und Neube-
sinnung auf die Grundlagen des ehelichen
Gemeinschafts-Unternehmens.
Das wurde eines Tages von einer überra-
schenden Wankelmütigkeit heimgesucht.
Eins der überaus grazilen Metallbeine des
französischen Betts war einfach abge-
knickt. Damit war seine Stabilität
durchschlagend gefährdet. Eine sofortige
Lösung war nötig. Hugo, erfindungsreich
und dem Studentenleben noch immer
sehnsüchtig verbunden, schleppte in Erinnerung an das multifunktionale Möbel-
stück so mancher Studentenbude eine Apfelsinenkiste herbei, schob sie mit Fritzis
Hilfe unter das Bett und - fertig.
Fritzi war beeindruckt von den praktischen
Gaben ihres Mannes, er auch. Vor allem
der Aspekt der Kostenneutralität gefiel

dem Volkswirt aus der renommierten Kieler Erich-Schneider-Schule. Er beeindruckte ihn so sehr, dass er das Problem für gelöst hielt und einfach aus seinem Bewusstsein strich.

Es bestand Klärungsbedarf.

„Wir brauchen ein neues Bett." „Aber wir haben doch eins." „Auf einer Apfelsinenkiste !!!" „Macht nichts. Denk´ doch nur an Kiel! Das waren Zeiten. Da haben wir doch alle auf Apfelsinenkisten gehockt. Waltraud hat ihren Zitronenkuchen spendiert, Hol´ s der Geier den Punsch angerührt." „Ja, ja, und Müller kam in Anzug und Bademantel hereingehüpft und sang Ora pro nobis!" , fiel sie in die rückbesinnliche Kielschwärmerei ein. „Nonni war auch dabei, hockte da in seiner Leibesfülle, bis es auf einmal knacks macht und er zu Boden geht…in die kaputte Kiste, wohl bemerkt!!!"

„ Ach, und dann war da doch noch die kleine Guatemaltekin, auf die Pinco so scharf war." „Guatemaltekin! Anna Maria meinst du wohl!" „Genau, Anna Maria mit

den feurigen braunen Augen... die hatte
Pfeffer im…"

„Schon gut, schon gut!" unterbrach Fritzi
ihn, „ich dachte, das war Carmen?"

„Carmen? Carmen war ein heißer Feger.
Die hätte mir auch gefallen." „Und mir
hätten Pincos lange Beine und seine treuen
Hundeaugen gefallen. Der ging bei Fuß.
Du leider weder in der Vergangenheit
noch in der Gegenwart. Womit wir beim
Thema wären. Wann gibt es ein neues Bett
mit vier eigenen standfesten Beinen, ohne
Delle in der Mitte und mit einer gefahren-
freien Schlafzone auch für mich?" „Aber
Mäuschen, wir wollen nichts überstürzen.
Wir müssen doch erst ein Haus bauen.
Darum müssen wir uns auf´s Wesentliche
konzentrieren. Im neuen Haus bekommen
wir dann ein schönes neues und viel brei-
teres Bett, ohne dünne Beine und duftende
Apfelsinenkiste - ein französisches Bett à
la Allemagne mit zwei Matratzen u n d
zwei Decken. Dann kann jeder alleine
schlafen, wann und wo er will. Ab und zu
besuchen wir uns, mal in deinem, mal in
meinem.

Tolle Aussichten!

Die verheißenen Besuche fanden dann natürlich in seinem Bett statt, angeblich weil die allgemeinen Aufenthaltsbedingungen dort günstiger waren.

Bett 2

Bett zwei suchte Fritzi in Senlis in Frankreich heim. Wohl bemerkt: Fritzi, obwohl sie mit der Familie in den Urlaub fuhr. Die Fahrt zum Atlantik wurde vor Paris unterbrochen. Einmal um sich von der bisherigen Fahrt erholen zu können, dann um neue Kraft für die Peripherie von Paris mit all ihren verwirrenden Ausfahrten zu gewinnen, drittens, um französisch zu essen, mehrgängig natürlich, viertens, um französisch zu trinken, Rotwein nämlich, und fünftens, um in einem anheimelnden kleinen Hotel französisch zu schlafen. Die Zimmer waren überschaubar, unterschiedlich möbliert, leicht altmodisch angestaubt, das Elternzimmer mit einem schönen, aus Holz gearbeiteten französischen Bett der etwas schmaleren Art ausgestattet. Das Prinzip eines französischen Bettes war ihnen aus eigener Art durchaus geläufig.

Als sie mehrgängig gespeist und ausreichend Wein getrunken hatten, d.h. Hugo reichlich, Fritzi kaum, begrüßten sie es erfreut wie einen alten Bekannten und krochen lachend beduselt unter die gemeinsame Bettdecke. Noch ehe sie sich lage- und verteilungsmäßig eingerichtet hatten, war es geschehen! Hugo lag, alkoholbeschwert, in der mächtigen Kuhle in der Mitte und war schon eingeschlafen, bevor Fritzi, zeitversetzt und deutlich verlangsamt, begriff, dass sie mal wieder den Schwarzen Peter gezogen hatte: Randlage, ihr so vertraut aus der ehelichen Gründerzeit. Sie tröstete sich: „ Eine Nacht! Was soll´ s! Ich hab´ schon Schlimmeres erlebt. Das pack´ ich locker." Das bisschen Rotwein machte sie stark und siegesgewiss. Leider nur den Hauch einer Minute. Dann zeigte die Randlage schon ihre Hinterlist und erwies sich unverfroren als Hanglage mit starker Neigung zur dreidimensionalen mittigen, prall mit schnarchendem Leben gefüllten Kuhle ohne Rückzugsmöglichkeit. Das bisschen Rotwein ließ sie prompt im Stich. Verzweifelung übermannte sie. Es gab kein Entrinnen. Sieben lange Stunden lagen vor ihr. An Schlaf und Erholung war nicht zu denken. Der bekannte Alptraum tat sich auf.

Also musste sie um ihre zwischenmenschlichen Grundrechte kämpfen. Sie versuchte, mit sanftem Anstipsen eine Seitenwendung mit befreiter Zäpfchenschwingung zu erreichen. – Doch leider ging das Anstipsen in der Sanftheit ihrer Ausführung verloren. Also abwarten und Taktik ändern!

Sie verstärkte den Angriff und entschied sich für einen kräftigen Fauststoß. Röchel röchel, schnapp schnapp, – schon war der Fäustling wirkungsmäßig verpufft. Wieder abwarten, Taktik überdenken, Feind im Bett in Sicherheit wiegen und dann…

Wilder Überraschungsangriff mit linkem Bein gegen feindliches rechtes Bein mit drohendem Begleittext … gefährliches, unartikuliertes Grunzen mit harscher

Schleuderbewegung des rechten Arms gegen ihren linken... Ihr Angriff war fehl geschlagen - und die Nacht noch lang. Also Wiederholung des Nahkampfs, im Dreierschritt: Anstipsen, Fauststoß, Tritt, – röch´, röch´, grunz´, grunz´, Armschleudern - Wut und Hoffnungslosigkeit besiedelten ihre Hanglage und hielten ihr Blut die ganze Nacht am Köcheln. In den frühen Morgenstunden, nach etlichen sorgfältig durchdachten, nicht ausgeführten Mordversuchen, kehrte endlich Ruhe in der Kuhle ein. Jetzt nichts wie ran! Ran an den Schlaf, den entbehrten! Zwei Stunden noch! Die Füße fest gegen Hugos Beine gestemmt, die linke Hand am rechten Bettrand spastisch verankert, die rechte Hand am Kopfteil festgekrallt, lauerte sie erschöpft auf das kleine bisschen Schlaf, das ihr der Feind im fremden Bett übrig ließ.

Bett 3

Bett drei suchte sie einige Jahre später in Mimizan-Plage heim. Die Gleichberechtigung war offensichtlich auch in Frankreichs Betten angekommen: ein Hotelzimmer mit zwei Einzelbetten, halleluja, allerdings 80 cm voneinander getrennt. Das wiederum fanden sie übertrieben. Aber sie waren trotzdem zufrieden. Sie buchten für eine Woche. Die Betten würden sie zusammenschieben. Man musste zumindest die Möglichkeit haben, bei Bedarf eine Hand oder ein Bein ins Nachbarbett strecken zu können.

Mit der Aussicht auf ein so garantiert eigenes Bett blickte Fritzi frohgemut in eine friedensgesicherte Urlaubswoche, zumal sie sich, gebranntes Kind, mit bunten Ohropax-Dämpfern für die Ohren und Magnesium-Kautabletten für Herz und Muskeln ausgestattet hatte. Eine gründliche Vorbereitung macht sich immer bezahlt. Sie gingen also gegen Abend aus und erkundeten das Umfeld, d.h. das gastronomische Angebot. Und zwar arbeitsteilig:

sie mit Schwerpunkt Speisekarte, der Mann an ihrer Seite mit Schwerpunkt Weinkarte. Sie wurden mühelos fündig. Denn was tun die Franzosen abends zu dieser Zeit am liebsten? Natürlich essen und trinken! Und was tun die Deutschen in Frankreich abends um diese Zeit am liebsten? Natürlich französisch essen und trinken! Na also! Der Abend war gesichert, die Speisekarte opulent, wenn auch nur z. T. für ihre sprachliche Begrenztheit verständlich, die Weinkarte reichhaltig und beeindruckend teuer, wenn auch nur für Hugos lüsterne Augen verlockend. Fritzi trank ja sowieso nur eine Andeutung, Gleichberechtigung hin oder her. Katholische Frühprägung bewährt sich in so ziemlich allen Lebenslagen – bei dem weiblichen Geschlecht zumindest. Die Vertreter der hormonellen Gegenpartei, Enzym- mäßig belastbarer ausgestattet, lieben es, sich überreichlich an den Geschenken der Natur gütlich zu tun. Sie ist ja auch primär für sie gemacht, weshalb sie so gerne Räuber und Gendarm spielen, mit durchschlagendem Welt-Erfolg – wie die Geschichte immer wieder zu berichten weiß. Außerdem fühlen sie sich als Nachfahren der munteren Bier brauenden und Wein anpflanzenden Klosterbrüder aus dem zugigen Mittelalter dazu durchaus berechtigt.

Sie wählten also einen schönen Tisch, Hugo mit Blick aufs rege französische Leben, das sich vor ihm ausbreitete, Fritzi ihm gegenüber ohne selbigen Blick auf die charmanten Beigaben eines Restaurant-Besuchs, dafür aber auf Deutsch-Vertrautes aus dem eigenen Hausbestand, genussfähig, schweigebegabt, fremdunterhalten. Sie studierten die Speisekarte, gründlich, um detailliertes Verständnis bemüht. Dann nahmen sie die Getränkekarte vor: das gängige Mager- Angebot für die Nicht-Weintrinker und eine berauschende Vielfalt für den Weinliebhaber. Hier zeigte sich nun Hugos gründliche Reisevorbereitung. Als Mann von Welt aus einer 5000-Seelen-Gemeinde zog er sein Portemonnaie aus Aldis Mittwochs-Angebot, entnahm ihm eine Art Spielkarte und entschlüsselte ihre Kurzinformationen über Bordeaux-Weine und ihre besten Jahrgänge.

Sie bestellten unterschiedliche Menüs und unterschiedliche Getränke. Ihr Orangensaft wurde höflich kommentarlos eingegossen. Die Rotwein-Flasche aber zur Überprüfung des gewählten, sehr teuren Jahrgangs dem Weinliebhaber dargeboten, das bauchige Weinglas nach Abschluss dieser sachkundigen Kontrolle minimal gefüllt, der Wein von besagtem Weinkenner, Fritzis Pommer aus dem 5000–Seelen-Nest, mümmelnd-prüfend eine Minute lang im Mund bewegt und dann, unter dem ängstlich-erwartungsvollen Blick der Ehefrau und dem kühl gelassenen des Obers, genussvoll Richtung Leber weitergeleitet. Nun konnte eingeschenkt werden, für Monsieur comme il faut, für Fritzi nur eine Andeutung zur Beruhigung des französischen Umfelds. Das Menü unterschiedlicher Ausrichtung folgte bald, und das Vergnügen begann im Gleichklang der Gefühle und kulinarischen Wertschätzung, untermalt von expressivem Hmm, ausgezeichnet, köstlich, vorzüglich und derglei-

chen. Fritzi wurde vom Orangensaft im Laufe des Abends immer gesprächiger, ihr Ehemann vorübergehend redselig Richtung Ehefrau, dann leutselig Richtung benachbartes französisches Ehepaar - ´Vive la France´, Paris, Paris´…das Vokabular war bald erschöpft. Ihr Mann wurde weinselig und schließlich heimselig.
Der Weg zum Hotel war nicht weit. Zum Glück! Hugo, finanziell spürbar erleichtert, schwankte Bordeaux-beseelt am Arm seiner Orangensaft-wachen Ehefrau zielstrebig seinem Einzelbett zu. Die Fahrt im klapprigen Zwei- Mann-Aufzug gelang ihnen mühelos, das Schlüsselloch fand Fritzi ebenso mühelos, und eigentlich hätte es sie jetzt gar keine Mühe gekostet, die sparsamen Einmannbetten nebeneinander zu schieben. Nur, wie diese Nacht werden würde, schwante ihr nicht nur. Das sagte ihr leidgeprüftes Schmerzgedächtnis in drohender Lauerhaltung voraus.
Also blieben die Betten besser in ihrem 80-Zentimeter-Sicherheitsabstand. Dachte sie. Hugo dachte natürlich das Gegenteil, schon aus dem Prinzip, das sie wechselsei-

tig immer wieder gerne befolgen. Und so begaben sie sich in die jeweilige Position: anschieben - wegschieben – anschieben – wegschieben , als er plötzlich völlig überraschend die Waffen streckt und ganz unflätig, Alkohol-enthemmt ruft: "Geh weg, du stinkst!" Fritzi war empört, verletzt, beschämt, wütend über diesen Ausbruch archaischer Minimalkonvention und sann auf eine treffende, niederschmetternde Antwort. Unnötig! Hugo verließ völlig unerwartet den Kampfplatz und zog sich in sein Revier zurück. Der durchdringende, Ausdehnung suchende Knoblauchgeruch ihrer vorzüglichen Fischsuppe à la Francaise hatte ihn, ohne jeden weiteren Kommentar, in die Flucht geschlagen, d.h. in sein schmales, 80 Zentimeter von ihrem schmalen entferntes Einzelbett. Halleluja! Eine übergriffsfreie Nacht war gesichert. Sie schluckte zuversichtlich ihre braunen Magnesium-Kautabletten zur Entspannung, besänftigte ihr freudig erregtes Herz damit, dekorierte ihre Ohren mit einer bunten Nachfolge-Variante von Ohropax, lächelte sinnig vor sich hin und verabschiedete sich von ihrem schon längst geräuschvoll schlafenden Ehemann mit den folgenden Worten: Friede meinem Ohr! D u hörst sowieso nichts mehr. Und falls du diese Nacht irgendwann wach werden und die Absicht haben solltest, mein Bett ausfindig zu machen, zu welchem wie auch immer gearteten Behuf, dann werde ich dir meinen knofeligen, fischsuppigen Pestbrodem kraftvoll in deine vibrierenden Nüstern hauchen und dich mühelos erneut in die Flucht schlagen. So! Triumph im Auge, strich sie ihr Nachthemd glatt und warf sich schwungvoll und ruhegewiss in ihr Solistenbett. Oh Gott! Diese Franzosen! Oh Gott, oh Gott! Was machen die nur mit ihren Betten und in ihren Betten?

Sie versank in der unnachgiebig weichen Kuhle, den rechten Arm in rechter Schräg-Hang-Lage, den linken Arm in linker Schräg-Hang-Lage! Wendungsunfähig! Den sicheren Rückenschmerzen ausgeliefert! Genau wie ihr Ehemann, der jedoch, selbst gut gepolstert, im Wirkungsbereich des so reichlich genossenen Rotweins of-

fensichtlich beschwerdefrei bis in die frühen Morgenstunden unbeirrt durchschlief.
Doch das Erwachen war unerbittlich, der Rücken nachtragend, die Wochenbuchung ein katastrophaler Irrtum!
Sechs Nächte lagen noch vor ihnen!!!
Da blieb nur die Bitte um ein Brett für jedes Bett unter der Matratze, um die Zeit einigermaßen überstehen zu können.
Am Abend wurden sie dann typisch französisch entschädigt: ein Abendmenü mit reichlich Rotwein, diesmal notgedrungen auch für Fritzi, mit einer vorzüglichen französischen Fischsuppe, diesmal ausschließlich für ihn, den kleinen Pommern, den kühnen Weltenbummler, … zur Überprüfung des Wahrheitsgehalts seiner kränkenden alkoholisierten Vorabend-Aussage im Hinblick auf den knofeligfischsuppigen Pesthauch ihrerseits durch eine nunmehrige entsprechende Suppenprobe seinerseits zur objektiven Wahrheitsfindung beiderseits.

Bett 4,5,6 und...

Der Mensch ist nach den neuesten Erkenntnissen der Hirnforschung bis ins hohe Alter lernfähig. Ob das auch für Hugo und Fritzi gilt, wollen sie vorsichtshalber gar nicht so genau wissen. Denn ab und zu bekommen sie bei gegenseitiger Betrachtung leichte bis mittelschwere Zweifel. Zudem beobachten sie so ab und an ein merkwürdiges Missverhältnis in ihrer geistigen Zugewinngemeinschaft: der eine hoho, der andere nana. Natürlich immer aus der Sicht des anderen. Bei den Franzosen aber haben beide diesbezüglich inzwischen schwerste Zweifel! Sie sind dauerhaft bettgeschädigt und zeigen in diesem konkreten Fall eine beachtliche Lernfähigkeit: nie mehr französische Betten, weder zu Hause, noch im Urlaub! Wie weise! Das neue, ausladende heimische Bett, in einem Bischofs-violett bespannten Bettkasten fest verankert, war mit seinem durchgehenden, ebenfalls violetten Kopfteil die biedere deutsche Variante des charmanteren, dünnbeinigen französischen

der Gründerzeit und all der Hallodri-
Betten in französischen Hotels. Es bot
zwei getrennte Lager im unmittelbaren
Einzugsbereich des überwiegend geliebten
Mitschläfers - und damit die Freuden eines ungehinderten Grenzverkehrs mit und
ohne Anfrage. Endlich die perfekte Lösung!
Doch wie seufzte schon der Fuchs?
„Nichts ist vollkommen!" Weder das
Glück, noch die perfekte Lösung! Das
musste auch Fritzi erkennen.
Der Zahn der Zeit fing an zu nagen. Aber
jetzt nicht am Bett, sondern an den Schlä-
fern in den Betten. Er peitschte den Blutdruck hoch in unerwünschte Höhen
und entsicherte das marodierende Kno-
chengefüge. Das eine Bett musste ganz
flach sein, das andere musste ein leicht
angehobenes Kopfteil aufweisen, was den
bisher ungehinderten kleinen Grenzver-
kehr mit und ohne Anfrage verkomplizier-
te und neue Bewegungsstrategien
forderte.
Aber nie mehr französische Betten!!! Weder zu Hause noch im Urlaub. Zu Hause

hatten sie ihre von der Vergänglichkeit allen irdischen Seins geprägte Lösung gefunden. Im Urlaub aber, sofern sie Frankreich nur vermieden, fanden sie die nahezu perfekte Lösung: wunderbare, rückenfreundliche Hotelbetten - so breit, dass man sich bequem zu zweit in dem einen verlustieren und mühelos allein im andern horizontal oder vertikal einrichten konnte. Nur der Abstand zu dem männlichen Schnarcherbein war ungewöhnlich groß, so dass so mancher mahnende Fußtritt im Leeren verpuffte. Aber braune Kautabletten und Friede dem Ohr glichen dieses kleine Defizit aus.

Doch das Leben hat gewöhnlich ein Zuhause, wo eine alltagstaugliche Lösung erstrebenswert und mit zunehmendem Alter höchst empfehlenswert ist.
Darum bewohnen sie jetzt, mit Rücksicht auf Blutdruck, Knochen, Schnarchen etc. pp., getrennt jeder ein Zimmer: Monsieur das offizielle Ehe-Schlafzimmer, Fritzi, dienstrangmäßig nachgestellt, das leer gewordene Kinderzimmer. Sie genießen, be-

freit vom konventionellen Zwang des Nebeneinandernächtigens, die sich mehrenden, Phantasie beflügelnden Vorteile der neuen Bettordnung:

ungehinderte Ausdehnungsmöglichkeit,
individuelle Schlaf-, Wach- und Traumzeiten,
persönliche Einschlafrituale mit und ohne Buch oder Musik…
schnarchfreies Ambiente,
Frischluftzufuhr nach Belieben,
abenteuerliche, unangekündigte Ausflüge in
das ferne Partnerbett,
unerwartete Begegnungen vor der Schlafzimmertür und den allmorgendlichen Ausdruck freudiger Überraschung im vertrauten, altersgereiften Gesicht...

„Guten Morgen, Hugo!"
„Guten Morgen, Liebling!"

Ein neuer Tag beginnt. - Zunächst zumindest gut.

Grenzüberschreitungen

Glück
Erhoffter Lebensgrund
Irrlicht verfehlter Erwartung

Das Leben - ein Traum

Frühjahr 1963

Kribbeln, freudige Erwartung, Anstieg der
Spannung…
Wen würde das neue Semester diesmal an
Land spülen, ins Studentenheim an der
Kieler Förde, die Bastion des Katholizis-
mus im kühlen Norden?
Beschwingt entwichen die Herren
Schreibtisch und Zimmer und durchstreif-
ten das heimische Terrain mit weit geöff-
netem Herzen und wachem Blick. Die
Damen verschworen sich in ihren schrä-
gen Dachzimmern und verschwiegen ihre
bangen Fragen. Der Markt der Beziehungen schwankte tagelang unter dem Druck
erhoffter und gefürchteter Veränderungen.

Und dann kam sie. Dann kam s-i e! Anna-
Maria – die Offenbarung weiblicher Möglichkeiten aus dem fernen Guatemala. Ein
Novum in der Geschichte des Studentenheims, das den Gedanken weltumspan-
nender katholischer Universalität bisher
nur bei männlichen Studenten praktiziert
hatte.

Ihre strahlende Fremdheit, ihr weltläufiges
Aufgebot an Koffern, Taschen, „Beauty-
Cases" mobilisierte alle: Die Alpha-
Tierchen im Männertrakt scharrten erregt
mit den Hufen, die braven Vor-68er-
Mäuschen blickten scheu irritiert, der Pater, verantwortlich für alles, besonders für
das Seelenheil, geriet in planerischen und
geistig/geistlichen Notstand, und die got-
tesfürchtigen Nonnen erbebten in eifern-
der Alarmbereitschaft.

Strahlend und völlig unberührt von der
allseitigen Aufgeregtheit, nahm Anna-
Maria die neue Welt in Besitz: beschlag-
nahmte den ihr zustehenden Teil des wa-
ckeligen 3-Bett-Zimmerschranks, bestück-
te den eigens für sie beschafften Plastik-
Flur-Schrank und deponierte ihre zahlrei-

chen Restbestände im Herrentrakt bei Wölfchen mit dem weichen Herzen und dem kindlichen Gemüt. Mit dem Charme ihrer exotischen Mischung, der Seelenweite milder Selbstverliebtheit und dem suchenden Blick enttäuschter Liebe durchmaß sie ihr neues Umfeld – die heile Welt des Studentenheims im Land ihrer Väter, weit weg von der brodelnden Explosivität ihres Mutterlandes und dem klammernden Macho-Griff ihres Ex-Verlobten.

Sie becircte alle: Schwester „Rabiata", den geistlichen Rat, Frau Kapitän vom Mittagstisch, Nick aus Jamaika, Peter, Waltraud, Fritzi – ei Ulita - , Müller, Gaier und - Pinco!

Ei Pinco!

Dieser Schlacks von zwei Metern, schmal, braun- und treuäugig, zog Anna-Maria in das Spinnennetz seiner Schmalgliedrigkeit und jungenhaften Unbekümmertheit. Er gab ihr den schwankenden Boden für den Sprung aus ihrer Ammen-verzogenen Exklusivität auf der elterlichen Kaffeeplantage, wo Indios und Hyänen den Horizont begrenzten, in die neue Welt, in eine Welt,

wo die Beschränkung eines durch drei geteilten Zimmers und eines mit 70 anderen
jungen Menschen geteilten Hauses die
Wonne gelebten Lebens und weichender
Horizonte bedeutete.

Ei Pinco! Er war der Sieger in dem dies-
jährigen Ringen um Frauengunst und Lie-
besbeute im Kieler Studentenheim.

Ein wundervolles Jahr der Verliebtheit
und der wechselnden Horizonte entfaltete
sich unter der milden Wachsamkeit der
geistlichen Führungskräfte. Die abge-
schmetterten Herren besannen sich wieder
einsichtig auf Bewährtes oder orientierten
sich anderweitig. Die Damen entspannten
sich und genossen die Freuden der eigenen
Verliebtheit. Im Notfall nutzte man die
freie Zeit für das Studium oder Examen.
Im Extremfall tauchte man ab in die mys-
tischen Tiefen der katholischen Welt von
Schuld und Vergebung und suchte mit
oder ohne Reue den Beichtstuhl in der
Kapelle auf. Oder man katapultierte sich
in die clowneske Welt der Lebensfreude
und Lebenstäuschung.

Ach Pinco!

Sein Traum von der exotischen Verlockung einer fernen Welt zerplatzte schon bald an dem eisernen Griff des Vaters, der seine Tochter zurück zwang in den goldenen Käfig einer vermeintlichen Geborgenheit in der sich abschottenden Herrenschicht Guatemalas.

Und Anna-Maria?

Soviel Sehnsucht und Freiheitsdrang – betrogen, untergegangen in den politischen Wirren einer unversöhnten Gesellschaft - erstickt in der Enge einer Welt der Selbstbezogenheit und Realitätsferne.

Kieler Sommer

1963

Es ist, als hätt´ der Himmel
die Förde sanft geküsst,
dass sie im Mondesschimmer
von ihm nun träumen müsst.

Die Luft streift sanft die Wellen,
sie rauschen leis´, ganz schwach.
Ein traumverlorenes Bellen
verklingt in ferner Nacht.

Das Haus liegt still und schweigend
in weißer Frühlingspracht.
Die Nonnen betend leiden
Sehnsucht und Gottesmacht.

Der Pater schläft und wachet,
bedrückt von Pflicht und Not,
dass niemand trotzig lachet
ob Gottes Hausgebot.

(Frei nach Eichendorff)

Da vernimmt man in der Ferne einen tiefen Wohlklang, der sich langsam, ganz
langsam nähert, an Fülle gewinnt, über die
brüchigen Stufen emporsteigt, sich nach
und nach im gleißenden Mondlicht aus
drei volltönenden Männerstimmen über
das weite Grün ergießt, sich an dem strah-
lenden Weiß des Hauses bricht, in die weit
geöffneten Fenster dringt und die Schlafenden aus der Unruhe sommernächtlicher
Verlorenheit in die Verruchtheit KV-
baltischer Lustbarkeit entführt.

> Heilige KV-Baltia, bibite pro
> nobis!

Drei schmale, hochgewachsene Gestalten
in dem Schwarz des verrauschten Festes
und dem Weiß der gerade abhanden
kommenden Unschuld umschreiten in
wankendem Prozessionsschritt den linken
Flügel des Studentenheims, verharren kurz
vor diesem „schmächtigen Blinddarm" -,

> Heilige KV-Frisia, bibite pro
> nobis!

gelangen auf die im Schatten liegende,
rückwärtige Längsseite des Hauses und

suchen unbeirrt den rechten Weg im fah-
len Licht ihrer spirituellen Absenz,

> Heilige KV-Orania, bibite pro
> nobis!

geraten in das Einzugsgebiet der hohen
und niederen geistlichen Heim-
Gerichtsbarkeit, nicht mehr schlafend,
aber noch nicht ganz erwacht,

> Heilige KV-Saxonia, bibite
> pro nobis!

tauchen nun auf der südlichen Seite des
gastlichen Hauses in die Fülle des Mond-
lichts ein,

> Heilige KV-Arminia, bibite
> pro nobis!

erstarren vor dem jäh aus dem Nichts er-
wachsenden Pater in brauner Kutte, mit
Einhalt gebietendem Kreuz und strafen-
dem Blick

> Oh, heiliger Eustachius, ora
> pro nobis!

und erzittern vor dem betenden Gemurmel
der emsigen Mägde im Dienste des Herrn
hinter leicht geöffneten Fenstern mit sich
blähenden Gardinen,

Oh, heiligste Monika, ora pro
eis!
bis der gleißende Strahl der Erkenntnis ihr
Bewusstsein streift und in der Tiefe ihrer
sündigen Herzen die Ahnung ewiger Ver-
dammnis sich drohend auftürmt:

Heiliger Franziskus, ora pro nobis.
Der Morgen wird furchtbar sein.

Heiliger Benediktus, ora pro nobis.
Ohne Beichte und Reue kommen wir
bestimmt nicht davon.

Heiliger Theodosius, ora pro nobis.
Gut, dass es das Beichtgeheimnis gibt.

Heiliger Antonius, ora pro nobis.
Lass´ die andern bloß nichts davon erfahren!

Und die anderen verharren und verharren,
in Unwissenheit und ungestillter Neugier.
Die Jahrzehnte gehen dahin, der Zahn der
Zeit nagt. Doch die Wissbegier bleibt und
ermuntert sie, die Altersgereiften, zu ei-

nem letzten Versuch, das Geheimnis der Kieler Vollmondnacht zu lüften. Sie flehen beim geselligen Treffen, vom Wein beseelt, die Zunge gelöst:

Oh, heiliger Augustinus,
kundig der Sündhaftigkeit jugendlichen Überschwangs und bekehrt durch altersgereifte Gelehrsamkeit in Zeiten der nachlassenden Manneskraft, wir, die wir noch immer in der Finsternis der Ahnungslosigkeit verharren, flehen Dich an:
Lüfte endlich das Geheimnis dieser drei freudigen Sünder, damit wir alle frohgemut singen können:
Ihr drei fröhlichen Zecher,
bibite con nobis!

Anbei bemerkt:
In der Litanei der katholischen Kirche werden die Heiligen angefleht, für die Bittenden zu beten, keineswegs für sie zu trinken, wie diese munteren Spätheimkeh-

rer vom Verbindungsfest in jener lauen
Sommernacht sangen.

Das Lied vom dicken, fetten Pfannekuchen

Der Krieg war zu Ende. Der Größenwahn
untergegangen in Trostlosigkeit und Entsetzen über zerstörte Städte, entwurzelte
Familien, verwitwete Frauen, verwaiste
Kinder; über tote Männer, Väter, Söhne,
Brüder; über Verletzungen, Verwundungen, Gefangenschaft; über Hunger, Elend,
Not... und in Scham, Scham der Erkenntnis, sich der verführerischen Macht der
niedrigen Instinkte ausgeliefert und ge-
glaubt zu haben, dass man sich ungestraft
über Menschenwürde und Völkerrecht
hinwegsetzen dürfe. Die Welt zog die
Mauer der Ächtung um das Volk, das die
Schutzmauern der Welt niedergewalzt hatte.
Uns Kinder kümmerte das alles nicht. Wir
spielten im Schutz dörflicher Geborgenheit und genossen das Prickeln der Erobe-

rung unserer kleinen Welt von Hinterhöfen, Ställen, Feldern, Ziegelei. Wir spielten voller Lust in kindlichem Wiederholungszwang das Spiel vom dicken, fetten Pfannekuchen, in dem die Welt mit Brettern zugenagelt ist.

Doch das war nur ein Spiel. Unsere Welt sollte sich öffnen, über Orts- und Landesgrenzen hinaus. Sie weitete sich im Gleichklang mit der Einsicht der Siegermächte, dem zerstörten Unrechtsstaat die Chance auf einen demokratischen Rechtsstaat ermöglichen zu müssen, um ihn im Frieden in die Freiheit entlassen zu können.

1961 machten wir Abitur, verließen die schützenden Mauern der Klosterschule, wagten uns in kühnem Sprung ins Studium in einer fremden Stadt und reizten unsere gewonnene Freiheit in den Ferien aus. Ohne Wissen der Eltern ging es im August per Anhalter durch England nach Schottland. Passkontrollen brachten einen Stempel, aber keine Probleme. Der Hadrianswall – ein längst zerfallener Beweis imperialen Machtstrebens der Römer -

stellte unsere früh erfahrene geschichtliche Bedingtheit in den Kontext vertikaler Beweisführung.

Am 13. August waren wir in Edinburgh. Völlig absichtslos streifte unser Blick am Eis-Kiosk die faszinierende Fülle der „Weltpresse" und verfing sich in der Balkenüberschrift der Tageszeitungen: Berlin…Wall…Wortfetzen.

Sie rissen uns aus unserer Ferienlethargie. Berlin – klar! Wall? Wir verstanden nichts, obwohl wir recht gut Englisch verstanden. Wir wollten auch gar nicht verstehen, was sich da als anachronistische Wirklichkeit abzuzeichnen begann. Wir wollten nur nach Inverness – Traumziel aller zielorientierten Tramper.

Zwei Jahre später fuhren wir im regnerischen Herbst von Kiel nach Ost-Berlin zu einem Treffen mit katholischen Studenten. Die Berliner Mauer wurde anschauliche Wirklichkeit. Bahnhof Friedrichstraße ließ uns erstarren: Passkontrolle durch einen bewaffneten deutschen Volkspolizisten, der seinerseits von einem hinter ihm stehenden, ebenfalls bewaffnetem deutschen

Volkspolizisten kontrolliert wurde, die beide wiederum durch zwei andere rechts und links im Wachturm erhöht stehende, bewaffnete deutsche Volkspolizisten kontrolliert wurden. Weitere Kontrolle im Warteraum. Eine bange halbe Stunde saßen wir da: Ein medizinisches Fachbuch, als Geschenk gedacht, wurde auf staatsgefährdende Textstellen untersucht. Gedrückte Stimmung, als wir endlich passieren durften.

Drei Tage verbrachten wir in einer uns spürbar fremden Welt mit Studenten, die wie wir erwartungsvoll und unbesorgt der Zukunft entgegenblicken wollten. Beim Abschied brachten sie uns zu ihrer Grenze, einige Meter vor unserer. Peter hatte meine Tasche auf dem Gepäckträger seines Fahrrads. Als er sie herunternahm, sagte er zu mir: "Komm´, leih´ mir mal deinen Pass. Ich möchte nur einmal wieder mit meinem Rennrad durch Berlin flitzen und bei Areg Pommes Frites essen."

Da hatten wir endgültig verstanden, was die Mauer bedeutete.

Unser Kinderlied vom dicken, fetten
Pfannekuchen schnitt uns hämisch eine
Fratze: Die Welt war mit Brettern zugena-
gelt.
Mit traurigen Augen sahen wir uns an und
lächelten tapfer unsere Tränen weg.
Am 09. November 1989 waren wir nicht
in Berlin. Wir erlebten Geschichte nur am
Fernsehen. Aber wir ließen den Tränen der
Freude unkontrolliert freien Lauf, als die
Menschen die Mauer niederrissen.
Ein Unrechtsstaat wurde zerstört und in
Frieden in die Freiheit und die bunte Viel-
falt menschlicher Lebensentwürfe entlas-
sen.

Entgrenzung

Es war einmal eine bunt zusammengewürfelte Schar von reiselustigen Deutschen unterschiedlichen Alters, die auszog, um im Wonnemonat Mai des Jahres 2006 im hoch versicherten Bus einer amerikanischen Gesellschaft den Wilden Westen zu erkunden. Es ging um nicht mehr und nicht weniger als 4914 km durch Kalifornien, Arizona, Utah, Nevada:

- durch Städte, Wüsten, Berge, Canyons, Nationalparks, Plantagen…,
- über furchterregende Serpentinen und durch die sanften Täler Zions,
- durch L.A.´s Hollywood im Großen und Carnab´s Hollywood im Kleinen,
- durch die Paradiese der Schönen und Reichen Kaliforniens mit Blick auf ihre unbezahlbaren Häuser am Meeressaum und in die diesige Weite des Pazifiks,
- mit Einkaufsbummel in Indianershops, bunt im Angebot und saftig im Preis,

- mit Völlerei beim Wüstenbüfett inYumas Wüsten-Rentnerparadies und Howdys derber Rangerkost in Carnabs Little Hollywood,
- mit kurzen Versorgungsstopps bei Wal Marts, Ralphs und MacDonalds zur Aufrechterhaltung der körperlichen Leistungsfähigkeit,
- mit Plastikbechern und Plastiktüten für den mobilen Kleinhaushalt,
- mit regelmäßigem Herdentrab zu den Restrooms, beleuchtet oder mit Taschenlampe in der absoluten Finsternis des kalifornischen Stromsparens,
- mit Hotels, Motels und den Verführungspalästen von Las Vegas: null Einsatz – kein Gewinn,
- mit fremdem, hochgewichtigem Busfahrer im Zimmer der Reiseleiterin Cora und zwei verirrten Reisedamen vor halb nacktem Mann im falschen „Zwillingshotel",
- unter Coras freundlicher Führung mit breiter Sachkompetenz und zuverlässiger Dauerpräsenz in allen

möglichen und unmöglichen Reise-
Situationen,
- sicher und souverän kutschiert von
  Wayne, dem Mann mit dem New
  Yorker Charme, der rauchigen
  Stimme und dem allgegenwärtigen,
  Halt spendenden Handgriff zur
  Aufrechterhaltung der Reiselust, der
  körperlichen Unversehrtheit der
  Reisenden und zur Schonung der
  reich gesegneten Kassen der Versi-
  cherungsgesellschaften.

Es wurde eine Fahrt der Höhepunkte
westamerikanischer Wirklichkeit. Selbst
der absolute Tiefpunkt Death Valley! Das
Leben erstarrte bei 39° in der Mittagshitze,
die Toilettenspülung im Holzhäuschen
versagte, der Hitze ergeben, das Wasser
im Eimer zum Händewaschen war suppig
warm, und kein Mensch fand sich bereit,
für uns die Spiegeleier in die Wüstenpfan-
ne zu schlagen, um unser kontinentales
Frühstück zu bereichern und dem amerikanischen Pulverrührei den Garaus zu machen.

In Monument Valley gab es „das große Wiedersehen". D-e n Felsen kannten wir doch! Und den und den und den… Rechte Hand, linke Hand, alles wohl und Fernsehbekannt. Easy Rider und Marlboro! Was wir nicht kannten, war die sauber verarbeitete Indianerhütte für die Familie mit der daneben stehenden Einzelhütte, einer etwas groß geratenen „Hundehütte", für den treulosen Ehemann. Aber wer braucht schon viel Wohnraum, wenn ihn die rote Weite der Natur großzügig umgibt?

Dann war da noch Carnab – Little Hollywood – das Ziel unserer geheimsten Sehnsüchte!!!

Unser Herz schlug freudig erregt. Das war unsere einmalige Chance, auf John Wayne´s und Reagan´s Spuren die Leinwand zu erobern und den Bildschirm unserer deutschen Heimkinos zu stürmen. Unsere Talente waren unverkennbar:

Unsere flotten Damen im Saloon umgarnten den einsamen Schönling beim Kartenspiel. Der Fiedler fiedelte Herz betörend. Doch dann kam Batman. Breitbeinig, mit bedrohlich federndem Gang verströmte er den Pesthauch seiner Boshaftigkeit, zwang den Schönling zum Duell und – knall-bumm –hatte er ihn mit schnellem Hüft-schuss niedergestreckt und die Schönen des Tages und der Nacht zu Tode er-schreckt.

Unvergesslich der Einsatz unserer India-ner! Angeführt von Häuptling Rosenkava-lier, fest entschlossen, bauchbewehrt, bra-chen sie mit wildem, furchterregendem Geheul aus dem Hinterhalt hervor.

Doch die Army preschte in scharfem Ritt auf hölzernen Rossen heran, von starker Hand gezügelt, … hier und da nur gering-fügig gebremst durch ein lahmendes Rent-nerbein oder knackendes Knie, insgesamt aber von beeindruckendem Kampfesmut und männlicher Größe.

Aber leider, leider war alles vergeblich.

Howdy's kritisches Auge war unerbittlich. Er entdeckte unsere kleinsten Schwächen. Mit schnödem Bohnengemüse glaubte er uns für die entgangene Karriere entschädi-gen zu können.

D a s gelang Cora und Wayne besser.

- In der Glitzerwelt von Las Vegas unter zauberhaft leuchtenden Blüten aus Murano-Glas,
- in der sonnendurchfluteten Schönheit der Nationalparks,
- in der bizarren Welt gigantischer Canyons, der Stille tiefer Schluchten im urewigen Felsgestein,
- in San Francisco´s lärmendem Cable Car,
- auf dem Fußmarsch über die Golden Gate Bridge, den im pazifischen Wind schwankenden Beweis visionärer Vorstellungskraft des Erbauers Joseph Strauss ,
- mit dem Blick aus sicherer Ferne auf das verwitternde Gefängnisgemäuer von Alcatraz
- und bei den Erdhörnchen am Pazifik vergaßen wir unsere Frustration über den entgangenen Weltruhm.

Etwas traurig traten wir schließlich den langen Heimflug nach Good Old Germany an –mit leerem Portmonee und vollen

Koffern, einer Fülle von Erlebnissen, Bildern und Gesprächen u n d Cora´s Weltsicht und Wayne´s Gesang, im Herzen tief verwurzelt.

Das war einmal!

Während die Bilder die Erinnerung beschwören, steigen neue Wünsche und Sehnsüchte auf.

Reisen ist eins der schönsten Vergnügen!

Über den Wolken…

Endlich wurde sein Traum wahr: fliegen, immer wieder, Tag für Tag, ein Leben lang.

Alle Flugstunden waren geschafft, in Deutschland und Arizona, alle theoretischen Prüfungen bestanden, alle Einwände gegen seine kühle, teamunfähige Einzelgängerhaltung bedeutungslos, zurückgetreten hinter die blendenden Flugleistungen. Ein Traum nahm Gestalt an. Sein Lebenstraum. Jetzt fehlte nur noch…

Schon als Kind träumte er vom Fliegen. Er spielte Flugzeug, er war Flugkapitän der

Boeing 747, er flog wie sein Vater die träge Trans - All der Bundeswehr zum Luftwaffenübungsplatz nach Sardinien, er war der „coole", risikobereite Pilot im Starfighter, der sich mit einem Blitzstart im Bruchteil einer Sekunde in die Luft schleuderte.

Jetzt war er am Ziel seiner Wünsche. 1,62 groß bzw. klein, schmal, drahtig, durchtrainiert, konzentriert, ein leicht überhebliches Lächeln um die grauen Augen, mit dem uralten Tunnelblick des Jägers aus ferner Vorzeit. Ja, jetzt war er der Jäger.

9.30 Uhr. Sie saßen in der Kantine des Luftwaffenübungsplatzes der Bundeswehr auf Sardinien: der hagere Ingo, der ewig grinsende Martin, Philipp mit dem markanten Kopf, Alex, der unwiderstehliche Teenagerschwarm, Dennis, der Unerschütterliche, Fritz, der Freund für alle Fälle, und er, wie immer cool, ein Lächeln um Mund und Augen. Besessen waren sie alle, besessen von dem jahrhundertealten Menschheitstraum, die Schwerkraft zu überwinden und sich die Technik gefügig zu machen. Sie spielten die steigende

Spannung herab mit alten Witzen und neuestem Klatsch. Dann packten sie gegen 10 Uhr ihre Helme und gingen mit dem federnden Schritt eines in der Zeit verirrten Waldläufers über die asphaltierte Startbahn der High Technology, die im brennenden Sonnenlicht flirrte und die wartenden Starfighter und Jäger verzerrt widerspiegelte.

Ein letzter Joke, ein letztes Toi, Toi, Gut Flug, bis später – und schon saßen sie zu zweit im Cockpit, der Pilot und hinter ihm der unverzichtbare Mechaniker für den Ernstfall. Das war ihre Welt: die hoch komplizierte Welt der Technik, perfektioniert, minimalisiert, reduziert auf ein informationsgespicktes Armaturenbrett und zwei schmale Sitze.

Dann das Startzeichen! Der erste Starfighter schnellte senkrecht in die Luft. Er war schon oben, bevor die Zuschauer auf der Plattform ihn gehört hatten. Jetzt Ingo. Er setzte zur Jagd auf ihn an, wie es die Spielregeln für den Ernstfall fordern.

Dann startete Ben, Martin hinterher; Alex, gefolgt von Fritz; Dennis, gefolgt von Philipp, Sebastian, gefolgt von…Dann er, hart das Gesicht, alle Muskeln gespannt, grau und kalt die Augen, ein schmales Lächeln um den gepressten Mund… Jetzt hatte er sie unter sich. Alle! Die Fluglehrer und die Besserwisser, die ihm seinen Lebenstraum erschwert hatten, immer und immer wieder! Im Rausch der den Schall besiegenden Geschwindigkeit verbannte er sie, zu körperlicher Bedeutungslosigkeit im sengenden Sonnenlicht verkümmert, aus seinem sehnsüchtigen Herzen.

Und er hatte sie vor sich. Alle! All die Kameraden, die nur zu willfährig mitgemacht hatten bei dieser gnadenlosen Jagd nach Erfolg, bei dem üblen Spiel um Bestehen oder Untergehen und bei der Quälerei von Prüfungen, Bestimmungen, Gunst und Missgunst. Jetzt war er der Jäger. Und er jagte sie. Er zwang ihnen seinen Willen auf. Looping, Schleifen, Tiefflug, Steilflug, rauf, runter, höher, höher, immer höher…Das Blut rauscht in seinen Adern, sein Kopf dröhnt, sein Herz trommelt seinen Siegesschrei: Geschafft! Frei! Endlich! Endlich unendlich frei!

Er steigt und steigt und steigt…
11.15 Uhr. Ein Aufschrei auf der Plattform. Dann Stille, Entsetzen…
Als sie den Aufprall hören, ist er schon am
Berg zerschellt - hineingeschleudert in die
endlose Traumlosigkeit.

Igor und Co.

Bockssprünge

Klein und stramm waren sie, die beiden
jungen Böcke aus dem allsommerlichen
Leihsortiment – ungebärdig und schwarz
gelockt. Texaner nannte er sie, der Kötter
vom Waldrand, und meinte natürlich Texel. Was soll´s. Am Waldrand, abseits der
dörflichen Zivilisation mit Bus- und Zug-
anschluss an die größere und weite Welt
und abseits der 70-km/h Schnellverbin-
dung zwischen Dorf und Nachbarstadt, da
endet der tägliche Blick an der unentwegt
rauschenden Baumgrenze, dem Kartoffel-
acker und der Schafswiese. Texel oder

Texas? Egal. Das eine wie das andere liegt irgendwo Richtung Sonnenuntergang. Da kommt man nicht so schnell mal hin mit der alten Vespa, die gerade für die Einkaufsfahrten ins Dorf reicht. Alles unwichtig. Hauptsache die Texel-Texaner haben zu fressen, gedeihen und bringen Geld. Denn Geld ist knapp am Waldrand hinter dem Kartoffelfeld.

Alljährlich fand daher zur Verbesserung der Ernährungslage der Schafe und zur Steigerung der Gewinnaussichten ihres Eigners der Dorfauf- und –abtrieb statt. Im Anhänger wurden sie bei Hugo und Fritzi am Tor abgeliefert. Es war das Tor zum Paradies! Große Wiese, saftiges Grün, genug zu fressen, Wasser inklusive - täglich frisch im Eimer serviert -, keine Konkurrenz! Aber freundliche Ansprache zur Förderung der Fresslust zwecks Fleischgewinnung unter dichtem, filzigem Fell mit garantierter Aussicht auf ein scharfes, schnelles Türkenmesser.

Die jungen Böcke fühlten sich wohl. Das merkte man gleich. Sie entwickelten in dieser fremden Freiheit einen übermütigen

Lebensstil. Sie fraßen unentwegt, liefen plötzlich ohne Grund los, warfen sich feurig in protziger Schräglage in kotige Graskurven, bremsten dann ebenso überraschend ab, machten wilde Bockssprünge aus dem Stand und streiften schon mal im Vorgriff auf künftige Zeiten größerer Begehrlichkeit das eine oder andere ahnungslose Schaf. Es störte sie überhaupt nicht, dass ihr Garten Eden für einen Sommer begrenzt war durch einen Elektrozaun, der im Dickicht der Hecke, so dicht wie ihr Fell, verborgen war. Sie hatten ihn noch gar nicht wahrgenommen. So reichlich war ihr Tisch gedeckt! Es war also alles geklärt für ein gedeihliches Nebeneinander von Mensch und Tier.

Dann kam die Ferienzeit. Drei Wochen Bretagne lagen vor Hugo und Fritzi. Kein Problem. Tina-Maus, knapp über 20, unerschrocken und anpackend, übernahm die Haushüterrolle nebst Schafsversorgung. Die beiden konnten also unbesorgt fahren. Drei Wochen Bretagne! Markige Felsen, raue Dörfer, Sandbuchten, Fischerhafen, Austernschlemmen, Knoblauchduft …

Tiefer Schlaf bei niedrigem Blutdruck,
unruhiger Schlaf bei hohem Blutdruck;
aber vor allem eins: kein blökendes
Schaf.

Am letzten Abend des Urlaubs kam Tinas
Anruf in hartem Stakkato: Die Böcke waren ausgerissen- mit eingezogenem Kopf -
ab durch den Elektrozaun - direkt in
Nachbarladies Gartenparadies - mampften
einfach das schöne Gras - ohne Schafshaufen - trampelten dreist-dämlich auf dem
englischen Rasen herum - zeigten den zeternden Schwestern hinter der Küchen-
gardine ihr pralles Hinterteil - Ladies fielen prompt in Schockstarre - säuselten
spitzmündig - Ah und Oh - flöteten durch
die Telefonleitung: „Da sind Schafe - auf
unserem Rasen - die müssen fort - soooo-
fort fort!"

Tina rannte also sooofort los und zerrte die
beiden uneinsichtigen Grenzüberschreiter
von dem englischen Rasen zurück in das
verschmähte Paradies, das sie so dickfel-
lig-schmerzunempfindlich, so Elektro-
zaun-ungeschockt verlassen hatten. Sie
überprüfte den Zaun und nagelte die Aus-

bruchstelle mit Brettern zu. Schluss mit lustig! E i n Paradies musste für solche vierbeinigen Köttersburschen vom Waldesrand reichen. Englischer Rasen war nun völlig indiskutabel!

Am nächsten Tag kamen Hugo und Fritzi aus der Bretagne zurück. Vom Badezimmerfenster aus ließ der Hausherr wohlgefällig und prüfend den Blick über seine Besitzstände schweifen. Und plötzlich hielt die Zeit einen kurzen Moment den Atem an - und erstarrte im Nichts absoluter Stille....Dann brach es los wie Donnerhall. „Die Schafe! Fritzi, die Klotschen! Tina, den VW!" Alle starteten gleichzeitig. Hugo und Tina hetzten zum englischen Rasen, bevor die Ladies erneut in Schockstarre fallen und Empörung durchs Telefon flöten konnten. Sie packten die Übeltäter beim Fell, zerrten sie zurück auf rechtmäßigen Grund und Boden und stießen, schubsten und schoben sie stur und unerbittlich in den VW, auf die Hinterbank. Tina sprang unerschrocken dazwischen, Hugo sprang in Socken ohne Klotschen ans Steuer, und Fritzi sprang

mit Klotschen in der Hand auf die Auffahrt. Der Dorfabtrieb kam in Schwung.
Endgültig Schluss mit lustig! Das Paradies
war ein für allemal für Texelböcke mit
texanischem Freiheitsdrang geschlossen.
Nun ging es zurück in die bescheidene
Welt der geringen Freuden - mit der Aussicht auf die Begrenztheit aller irdischen
Güter und ein fremdes Messer als Endsta-
tion.

SOS im Paradies

Dorfauftrieb wie jedes Jahr. Die Te-
xel/Texaner rollen heran und blöken verwirrt: kein Auslauf, kein Ausblick,
Panik in Auge und Herz. Dann Männer-
kommandos, Ruckeln und Schieben. Mit
gutem Willen und wenig Sachverstand
manövriert Anton den Anhänger vor das
geöffnete Tor zum Paradies. Die hintere
Anhängerklappe fällt herab, der Blick weitet sich, die Schafe blöken, befreit nun –
und verharren dämlich erstarrt. Fremde

Umgebung, fremde Menschen, fremdelnde
Schafe.

Nun kommt die alljährliche Befreiungsak-
tion, frei nach Anton, dem kurzbeinigen,
emsig wirkenden Gebieter über Kotten,
Deele, Schafs- und Schweinestall, über
Texel/Texaner, kläffende Hunde und
Schafswiese zwischen Waldesrauschen
und Kartoffelfeld…
Mähmähmähmäh… lockt Anton mit
Toastbrot der Weizenauszugsmehl-
Extraklasse die schüchternen Tiere vom
Land. Die blöken fragend ihren Mähmäh-
kötter an, schlittern verunsichert zwischen
grünlich-matschigen Kothaufen herum, in
der Finsternis des schwankenden Anhän-
gers angstvoll produziert, bis Igor, der un-
gebärdige Rüpel, von hinten durchbricht,
in jugendlichem Machtgehabe über die
Rampe am lockenden Toastbrot vorbei-
prescht, die rote Terrasse mit kleckernden
Wurfgeschossen aus vibrierendem Hinterteil begrünt und endlich, endlich das Tor
zu Frischfutter und Blökfreiheit ungestraft
und sehr lebendig passiert.

Das war der Befreiungsschlag. Im Nu sind alle Schafsköpfe da, wo sie hin sollen. Das Tor wird geschlossen, das Toastbrot auf die Wiese geschleudert, sicherheitshalber direkt neben den frisch gefüllten Wassereimer, damit sie den auch ja finden. Jetzt wird der gelungene Viehauftrieb mit einem, na ja, sagen wir mal mit zwei oder drei – ach, weiß der Teufel, mit wie vielen Schnapsgläsern begossen. Der Kötter singt mit gelöster Stimme das Hohe Lied auf seine Prachtexemplare, nennt sie stolz seine Texas und kippt sich nach guter Münsterländer Art schapsselig den nächsten hinter die Binde. Hugo, kurzbeinig wie Anton, Eigner von Wiesen und Toastbrot, hört die Mär von der wunderbaren Verwandlung der gerade noch vor Angst starrenden schröcheligen Vierbeiner in stramme Fleisch- und Felllieferanten und lernt so die schlichte Lebenssicht eines einfachen Gemüts kennen. Er, versierter Börsenspekulant auf den Weltmärkten, gibt sich bereitwillig der herrlich befreienden Wirkung dieser mentalen Verknappung auf Texaner, Schnaps und Mettwurst hin. Die Schafe werden im Laufe des Abends immer prächtiger, die Stimme des Kötters lallt immer schwächlicher, Hugo, der stramme Pommer, weiß immer noch etwas mehr von Texel/Texaner, von Texas, Gott und der Welt, dem dunkelnden Himmel ...und der unendlichen Sternenpracht.

Leise, wie ein Schatten, entschwindet Fritzi in die Einsamkeit ihres französischen Bettes. Durch das weit geöffnete Fenster dringt sanft die Stille der selig entschlafenen Experten von der Terrasse herauf. Ab und zu noch ein letztes Blöken in der Ferne von Igor, dem Brünstigen, ein nachhakendes Kläffen von Timo im Nachbargarten...dann senkt sich die Sommernacht auf das Paradies und weckt die Sehnsucht nach Ewigkeit.

Doch jetzt beginnt es, das Nachtkonzert, der Wettstreit der fröhlichen Zecher im Kampf gegen alkoholgetränkte erschlaffende Muskeln und um frische Luft. Sie schnappen röhrend danach, schicken sie ausgetauscht dröhnend zurück, rasseln sich erneut heran, fallen in ein hartes Stakkato, schnappen raubtierartig im männlichen Eroberungszwang nach der flüchtigen Beute und stürzen ab – hinab in die bedrohliche Tiefe der Erschöpfung und Atemlosigkeit…

Bis der Kampf aufs Neue beginnt, aus dem Takt geraten, dissynchron, schnapp hier, schnapp da. „Hö auf zu schnachen!" – „Schnach nich." – Du, höööö auf!" Armklapps. Schnapp! „Dreh dich um!" Schulterrütteln. Röhr, röhr. „Hör auf!" Schienbeintritt. Stacc!Stacc! "Schnach nich!" Schnapp – ab in die Tiefe. Auf ein Neues! Schnapp, schnapp, röhr, röhr, rassel, rassel, stacc, stacc…ab…Ein elender Kampf und Abgesang, der bis zum befreienden Leichtschlaf durchgehalten werden muss.

In der Zwischenzeit genießt Fritzi die Alleinverfügung über das französische Bett, kuschelt sich in die Kissen, streckt ein Bein wohlig unter der Decke hervor, reckt sich entspannt und lächelt zufrieden. Heute wird sie, weit weg vom Dröhnen des ehelichen Schnarchers, einschlafen können. Ein guter Start ins Wochenende! Und

morgen kommt die männliche Zerknir-
schung, der Ewigkeitsschwur absoluter
Alkohol-Abstinenz und die sanfte Rückbesinnung auf die ehelichen Gründerjahre
mit Liebling, Mäuschen-Gesäusel. Dergleichen kennt man ja.
Und morgen wird heute. Anton ist weg,
samt Anhänger, Schafe sind da und blöken. Hugo verflucht den westfälischen
Schnaps und ruft nach Aspirin. Fritzi ap-
portiert, nach wohliger Einzelnacht willig-
besorgt. „Warum trinkst du auch das
Zeug? Du weißt, dass du das…"
Grundsätzliches ist wieder einmal angesagt.
Plötzlich Aufruhr auf der Schafswiese. Sie
rennen wie gehetzt kopflos durcheinander,
flüchten bis an den Lattenzaun der Ladies,
drängen zur Seite und jagen an der Hecke
entlang, bis sie glauben, sicher zu sein,
sicher vor dem plötzlich verfremdeten
Ungeheuer aus den eigenen Reihen. Igor,
der pubertierende Rüpel, rennt mit links
geschultertem Wassereimer über die Wiese, ohnmächtig und wild vor Hilflosigkeit
und Angst.

Hugo, noch etwas benommen auf der postalkoholischen Versöhnungsspur, erkennt leicht verzögert die Gefahr. Er stürzt sich kopfüber in die Klotschen vom Viehauftrieb am Vortag, spricht beruhigende Worte Richtung Igor und nähert sich ihm, wie Anton es tun würde - wenn er denn da wäre -, klotsch, klotsch, besonnen und vorsichtig ausschreitend. Doch der rennt, panikgepackt, nach kurzem Verharren wieder los. Nun setzen sich auch die verängstigten Schafe an der Hecke wieder in Bewegung, schwergewichtig, im engen Schulterschluss, bedrohlich wie eine Dampfwalze. Hugo beschleunigt sein Rettungstempo, schreit nach Toastbrot, rutscht aus, fällt in einen der zahlreichen, frischgrünen, angstgepressten Schafshaufen, platschklack - und fühlt eine wilde Wut in sich aufkochen auf Texel/Texaner, Anton, auf Waldesrand, Kartoffelfeld und den verdammten, verfluchten, vermaledeiten westfälischen Schnaps.
Da scheppert es plötzlich. Blech, blech! Und wie ein Wunder steht Igor, vom Eimer befreit neugeboren, im morgendlichen

Sonnenlicht vor ihm, argwöhnisch beäugt von seinen dickfelligen, friedlichen Mit-fressern.

Nero lässt grüßen

Grüße aus dem Paradies

„I am not amused", sighed the cat without love.

"I am so amused", fancied the cat, full of love.

Eden, 01.04.2009

Meine liebste Miezekatze!

Voll Interesse habe ich deine Nachricht gelesen. So viele Veränderungen in deinen letzten Lebensjahren! Hoffentlich verkraftest du die.

Du hast dich doch immer mit Ellen ganz gut vertragen, mit dieser schrillen Vertreterin weiblicher Reizlosigkeit. Nun ja, was heißt schon gut! Dein Leben war ja immer karg. Zwar gibt es auch bei euch genug Auslauf, blumige Gärten und saftige Rasen hinter den Häusern, verlockende Gullis auf der Straße. Aber, was nützen einem die schönsten Gärten, wenn es der Nachbarin zur Linken nicht gefällt und sie mit giftigen Blicken und zischendem Gebiss deinen Traum von Freiheit und Lust zerstört! Und die Gullis? Die kann man doch vergessen, bei dem Straßenlärm. Da ist wohl ganz Hamburg auf der Achse, um eure Möchte-gern-auch-mal-große-Stadt-sein zu ärgern! Ein genüssliches Lauern auf dem Gullideckel ist bei dem Motorengeknatter wohl kaum möglich. Die fegen dir glatt den Schwanz ab. Und die besten Brocken, ob Maus oder Ratte, flitzen dir durch die Lappen, äh, in die schmutzige, so herrlich abenteuerliche Unterwelt der Kanalisation. Aber in die darfst du mit deinem seidigen Glanz und deiner Eleganz auf keinen Fall hinabsteigen. Lass´ dir das gesagt sein.

Zurück zu Ellen. Was ist denn nun eigentlich mit ihr los? Bisher gab´s doch keine Schwierigkeiten.

Schreib´ mir mal ausführlicher, damit ich mir ein Bild machen kann.

Ich werde jetzt Anne mit meinem Besuch beglücken und mir die besten Leckerbissen aus Molle-Molles Fressnapf holen. Dann wird sie wieder giften und die Tatze gegen mich erheben. Aber keine Angst! Ich habe alles und alle im Griff. Sie beten mich an. Schönheit siegt! So ist das nun mal. Anschließend gehe ich zu Steffen und Chrissi, wo ich jetzt sozusagen zur Untermiete wohne. Mir läuft schon das Wasser im Maul zusammen, wenn ich an die Freuden der Nacht denke.

In schnurrender Seelenverbundenheit

Dein Nero

Eden, 01.05.2009

Meine liebe Miezekatze!

So, deine Antwort hat für Klarheit gesorgt.
Seit dem Tod von Ellens Mann weht bei
euch ein anderer Wind! Nun, ich hatte
noch nie das Gefühl, dass bei euch jemals
ein guter Wind geweht hätte. Er war ein
Muffel und wusste nichts zu sagen, und
sie, die Schimpfkanonade, hatte nichts zu
sagen. Darum hat sie auch immer so laut
herumgezetert. Die konnte man doch fünf
Gärten weiter hören. Im Haus war es ja
noch schlimmer. Wenn ihre Stimme durch
die Wohnzimmerwand schrillte, blieb mir
glatt der Kittekat-Bissen im Hals stecken.
Gut, dass ich mich davon gemacht habe.
Aber jetzt weht bei euch ein anderer
Wind. Na, was denn für einer?
Jetzt ist, wie du sagst, der Schwiegersohn
der Übeltäter. Macht den Macho. Was hat
er denn zu bieten, dieser Schaumschläger?
Seine Petra geht bei Fuß und ist froh,
wenn sie seinen Dunstkreis verlassen
kann. Und Ellen, die Schimpfkanonade

der früheren Jahre, die hat er doch tatsächlich in ihrem eigenen Haus gegen ihren erbitterten Widerstand nach oben verbannt? Junge, Junge. Da kann sie nun die Wände anschreien. Und in den Garten wagt sie sich nur, wenn der Windmacher nicht da ist. Was für ein Leben! Ich sehe sie vor mir, wie sie geduckt um die Ecken schleicht, um bei ihrer Nachbarin zur Linken, die ihr die Ohren über den dreisten Schwiegersohn voll klagt, selbst zu klagen, dass sie im eigenen Haus nichts mehr zu sagen, aber eben viel zu beklagen hat. Was für ein Leben!
Wie hältst du das nur aus?
Schreibe mir umgehend. Ich sorge mich sehr um dein Wohlbefinden. Darum mag ich dir auch gar nichts von meinen Wonnen in den Gärten der Lüste erzählen. Das hole ich später nach.

In selbstloser Anteilnahme

Dein Nero

Meine Liebe!

Nun werde nicht gleich fuchtig! Was heißt hier auf den Putz hauen? Ich konnte doch nicht ahnen, dass du vor lauter Ärger über deine betrübliche Lage ergraut bist und dass Seidenglanz und Eleganz längst der Vergangenheit angehören! Was soll ich denn tun? Erzähle ich dir von mir, wirst du giftig und nennst mich einen Schaumschläger und Angeber. Erzähle ich dir nichts, wirst du trübselig!

Was soll's. Ich schreibe dir, wie es ist, und hoffe, dass du dich auf unsere alte Liebe besinnst und mir glaubst. Ich werde dir dann auch wieder wie früher mit Rat und Tat zur Seite stehen. D.h., mit der Tat wird's bei der Entfernung wohl nicht klappen, aber auf meinen allseits geschätzten Rat kannst du immer zählen.

Also, ursprünglich war mein Revier ja auf der Bahnhofstraße hinter dem roten Eckhaus mit den Parkplätzen im Hof. Insgesamt eine freundliche Umgebung. Der

Auslauf stimmte, das Fressen war gesichert, reicher Baumbestand mit Singvogelangebot im Garten, Gulli auf dem Hof. Keine wütenden Blicke und keine ewig zeternden Nachbarn. Doch dann kommt da plötzlich so ein kleinwüchsiger Giftzwerg und scheucht mich mit schriller Stimme von seinem Auto, auf dem ich mich gerade wohlig für ein kurzes Mittagsschläfchen eingerichtet hatte. Du weißt ja: oben die warme Sonne, unten die warme Motorhaube…Das ist Wellness pur. Da schnurrst du weg.

Am nächsten Tag taucht der Typ wieder auf, wohl ein neuer Mieter. Giftet schon, bevor ich überhaupt den Sonneneinfall berechnet habe. Da hab´ ich meine Waffen gezückt: gefaucht und zurückgegiftet, dass die Funken nur so flogen und er erschrocken zurückwich.

Aber du kennst mich ja. Solche Frechheiten lasse ich mir nicht bieten. Das schwör´ ich dir bei meinem Namensgeber Nero. Ich habe also sofort die Konsequenzen gezogen und die Verhältnisse zwei Straßen weiter erkundet. Und was sag´ ich dir?

Ein durchschlagender Erfolg. Die Bewohner sind klasse, und die alte Katzenhasserin Amanda mit der Domestosflasche ist vor kurzem ins Altersheim gezogen.
Zuerst habe ich mal das Terrain abgeschritten und mich dann für das Eckhaus von Anne entschieden. Gute, zentrale Lage, drei Zugänge, zwei davon versteckt hinter den Sträuchern, nur für zwei- und vierbeinige Insider gedacht, überschaubare Terrasse, gefüllter Fressnapf auf der Terrasse oder in der Küche. Es gibt zwar immer wieder kleine Eifersuchtsszenen mit Molle-Molle, meiner Konkurrentin in Annes Gunst. Aber damit werde ich fertig. Ich bin ja nicht auf den Kopf gefallen. Ich habe ihr sofort meine Liebe zwecks gemeinsamer Interessenwahrnehmung angeboten, und zwar nicht nur aus Futternapfgründen, wie du jetzt wieder denkst, sondern aus reiner Zuneigung. Sie ist nämlich eine Schönheit:
seidiges, schimmerndes Fell, geschmeidiger Gang, wacher Blick. Ein Rasseweib! Doch leider, leider weist sie alle meine schleichenden Werbemaßnahmen ab. Das

ist mir in meinem ganzen Leben noch nicht passiert. Ihre seelischen Verletzungen aus der Vorzeit müssen tief sitzen. Siehe S. Freud! Eine andere Erklärung finde ich jedenfalls nicht. Denn welche Katze könnte einen Kater meiner Rasse zurückweisen!?

Wir führen also eine reine Futternapfbeziehung auf der Basis einer real existierenden Hassliebe unter Annes Aufsicht. Wir vermeiden gemeinsame Mahlzeiten und kommen uns auch sonst nicht in die Quere. Warum sollten wir auch. Unser Napf ist immer voll der köstlichsten Leckereien, von denen du in deinem kargen Hinterhof nicht einmal zu träumen wagst. Wenn ich nur daran denke, läuft mir schon wieder das Wasser im Maul zusammen. Mal gucken, was es heute gibt.

In freudiger Erwartung weltlicher Genüsse und nordischer Katzengrüße

Dein Nero

Liebe Miezekatze!

Ich hab´ es ja gesagt! Wie ich es auch anfange, ich mache es falsch. S. Freud ist dir zu hoch! Hätte ich mir auch denken können. Und mein Paradies ist gar kein Paradies, weil´s mit der Liebe nicht klappt! Mein Leben hier ist voller Überraschungen. Da kann ich dir nicht einfach einen spärlichen Ruckzuck-Brief mit dürftigster Basisinformation schreiben: Bin gerade umgezogen, gutes Futter, keine Liebe, sichere Wohnverhältnisse! Nein, nein, meine Liebe. Eine so fundamentale Veränderung der Lebenssituation kann nur unter Beachtung der dramaturgischen Gesetze der Spannungssteigerung angemessen mitgeteilt werden.

Und da hast du mir ja mit deinen Neuigkeiten eine Steilvorlage geliefert. Was sich da oben bei euch abspielt, spottet jeder Beschreibung. Nein, nein, das schreit förmlich nach Beschreibung in Wort und

„Bild", am besten gleich in der Bildzeitung „Alles für die Katz".

Deine Nachbarin zur Linken hat also in ihrem kleinen Vorgarten einfach die zwei schröcheligen Krüppelkiefern abgehackt, die Wurzeln ausgegraben und alles platt gemacht? Wie abgefeimt und lieblos! Sie hat dir deine kleine bescheidene Bedürfnisanstalt zerstört und dich dem rohen Blick der Straße ausgeliefert! Und deine Duftmarke mochte sie auch nicht? Kratzte deine kleinen Haufen sofort mit verkniffenem Mund und gerümpfter Nase unter die Erde? Das machst du doch immer selbst! Was hat sie denn da noch zu kratzen? Laut Freud, wenn ich den denn doch noch einmal zitieren darf, ist das ein Hinweis auf einen erheblichen Mangel an Liebe zum Tier, dem Silber-Medaillen-Gewinner in der Hierarchie der Schöpfung!

Solche Frechheiten darfst du dir nicht bieten lassen! Und du tust gut daran, jetzt hinter ihrem Haus im Garten deine Geschäfte zu erledigen, da du ja einen Revierwechsel scheust. Ist in der Stadt auch nicht so leicht. Aber ich an deiner Stelle würde sozusagen zweigleisig fahren: Heute vorne direkt an der Hauswand einen kräftigen Haufen, morgen hinten im Garten auf dem Blumenbeet!! Was meinst du, da kommt Schwung in eure Beziehung. Und schon bin ich wieder bei mir. Ich genieße hier unsere gottgegebene Katzenfreiheit in vollen Zügen: freie Futterwahl, freie Toilettenwahl, freie Sonnenbankwahl, freie…. Es ist das Paradies! Keiner verscheucht mich, jeder freut sich und spricht mich an, wenn er mich sieht. Habe ich bei Anne gespeist, mache ich bei Heinrich, dem Nachbarn zur Rechten, mein Geschäft, begleitet vom munteren Vogelgezwitscher – in der Voliere leider Gottes – und nehme dann bei Fritzi gegenüber mein Sonnenbad. Entweder schwinge ich mich auf die neue Motorhaube oder ich lege mich auf das Fadenkreuz der Erdstrahlen im Schutz der Toskana-Zypressen. Und manchmal, an besonders schönen Tagen, dringt Klaviermusik aus dem Haus, umspielt meine Sinne und berauscht mein Herz. Dann gleite ich ganz sanft in die wohlige Welt der Träume von Liebesglück und Mäusejagd.

Womit ich bei meiner nächsten Überraschung wäre.

Ich wohne inzwischen zwei Häuser weiter bei Steffen und Chrissi, Annes Verwandten, zur Untermiete. Anfangs habe ich gezögert. So viele Veränderungen in kurzer Zeit scheue ich. Aber es ist der absolute Glückstreffer. Ich kann nun nach Lust und Laune mal bei Anne, mal bei Steffen und Chrissi speisen, habe einen wunderschönen, großen, Mäuse verheißenden Gullideckel auf dem Weg zwischen beiden Häusern und einen traumhaften Schlafplatz. Du wirst erblassen vor Neid. Ich muss dir die Geschichte erzählen. Ich ersticke sonst an meinem Glück.

Also: Am Donnerstag lotst Anne mich zu Steffen und Chrissi und verschwindet wieder. Ich streife durch den Garten, inspiziere die Zugänge zu Haus und Keller und stehe plötzlich – im Schlafzimmer der beiden! Und keiner da, der mich verscheucht! Unfassbar! Ich springe mit einem kühnen Satz auf´s Bett, strecke alle

Viere von mir, räkele mich und …schlafe ein. Als ich wach werde, liegt Chrissi neben mir, redet mir ermunternd zu und…schläft ein. Ich schnurre, räkele mich erneut…und schlafe ein. Als ich wieder wach werde, steht Steffen vor dem Bett, stutzt, grunzt kurz: "Nero, alte Säge, du hier?", legt sich in mein, äh, sein Bett und …schläft ein. Ich strecke mich, mache mich ganz schmal und schlafe selig wieder ein. Beim ersten Vogelgezwitscher wache ich auf, schleiche still davon, gehe auf Mäusejagd und lege meinen neuen Bett- und Tischgenossen dankbar meine Beute auf die Schwelle.

Ach, Miezekatze, das ist das Paradies!

In wohliger Traumvergessenheit

Dein Nero

Meine liebste Miezekatze!

Es stimmt. Das Leben ist ungerecht. Ich lebe in Saus und Braus, und dich trifft ein Schicksalsschlag nach dem andern.
Deine rabiate Nachbarin hat also tatsächlich einen Draht um deine Lieblingsblumen gestellt, damit du auch da nicht dein Geschäft machen kannst? Ja, wo denn dann? Mir fehlen die Worte. Ich weiß keinen Rat. Aber je größer die Wut, desto näher die Lösung. Und ich bin sicher, du findest einen neuen Platz, aber bitte auf ihrem Grundstück.
Ich muss dir ein ganz großes Kompliment machen. Ich bewundere deine seelische Größe. Obwohl du ständig diesen Nachbarschaftsärger hast, erfreust du dich an meinen Berichten über die Sonnenseiten meines Lebens. Alle Achtung!
Darum werde ich dir auch heute wieder etwas erzählen.
Chrissi und Steffen waren eine Woche im Kurzurlaub. Vorher hatten sie alles Not-

wendige geklärt: Futternapf bei Anne, Schlafplatz bei Steffen und Chrissi, Zugang zum Luxusbett durch die Katzenklappe im Kellerfenster.

Aber schon am ersten Abend gab es die Bescherung. Der Rost auf dem Schacht zum Kellerfenster war nicht weit genug zurückgeschoben, und im Schacht lagen Steine, Nägel und anderes Gerümpel herum. So geht´s natürlich nicht! Ich bin gleich zu Anne zurückgegangen, die schon vor dem Fernseher saß und die Beine hoch gelegt hatte. Sie ist sofort mit mir gekommen und hat mich durch die Haustür – ganz offiziell – in mein Schlafparadies gebracht.

Am nächsten Tag hat sie sich den Schlamassel im Kellerschacht bei Licht betrachtet. Und dann hat sie, Anne, - linkes Knie operiert, rechtes Knie operiert, rechter Arm operiert, linker Arm operiert – sie hat mit bloßen Händen für mich den Schacht aufgeräumt.

Was für eine Frau!!!

Leider musste ich sie am Abend doch wieder bemühen. Der Zugangsspalt in

dem Schacht war einfach zu schmal. Ich kann doch nicht mein seidiges Fell gefährden! Raus geht´s ja, aber rein auf gar keinen Fall. Da muss Steffen sich noch etwas einfallen lassen. Anne hat mich jedenfalls eine Woche lang jeden Abend nach Hause gebracht, hat mir die Haustür geöffnet und mich mit freundlichen Worten ins Reich der Träume entlassen, das auch ohne Steffen und Chrissi durchaus reizvoll war.
Das war´s für heute.

In dankbarer Anerkennung der Seelengröße meiner liebsten Mitgeschöpfe

Dein Nero

Eden, 01.09. 2009

Mein Kätzchen!

Ich höre förmlich dein Schnurren. Ich mag zwar den Kerl nicht, aber wenn er freundlich zu dir ist, dann freue ich mich für dich. Ich kann mir gut vorstellen, dass euer Anblick, du auf dem Arm ihres verhassten Gegners, für deine Nachbarin unerträglich ist.

Eine taktisch überaus interessante Variante in euerm Nahkampf!

Was es bei uns Neues gibt?

Nun, diesmal möchte ich dir nicht von mir, sondern von Mäxchen erzählen.

Mäxchen, noch jung an Jahren, wohnt im Dorf beim Apotheker. Luxuriöse Verhältnisse! All inclusive: Futter, hygienisch einwandfreie, pfotenfreundliche Katzenklappe, weiches Lager, absolute Vorherrschaft im Ehebett mit garantierter Rücksichtnahme des Herrchens auf Mäxchens Ausdehnungsbegehren. Und natürlich: optimale medizinische Versorgung. Kostendämpfung? Kein Thema.

Nur…

Mäxchen ist dabei, ein Max zu werden. Seine gestromte Schönheit gerät allmählich in den aufregenden Strudel von Frühlings-Erwachen und lüsternen Katzenaugen. Nicht lange mehr, dann wird auch er seine Gunst bedenkenlos verschleudern und lieber streunen als mit Alex das Bett teilen. Die drohende Wonne seiner Lust wird zum Alptraum des Apothekers. Ihm bleibt nur ein Weg. Der Alptraum muss durch einen anderen Alptraum beendet werden:

Spermienstopp durch Kastration! Nur wer, bitteschön, wer geht diesen schweren Weg mit ihm? Alex, der witzsprühende Apotheker mit dem flotten Wort und dem schnellen Rat in allen Lebenslagen – Alex ist ratlos. Er kann das nicht. Er kann Mäxchen bei diesem Akt archaischer Gewaltausübung nicht beistehen. Zu heftig ist laut S. Freud die Erinnerung des Mannes an frühkindliche Kastrationsängste.

Alex sieht nur eine Lösung: Anne, die Tante und Front-Frau mit dem weiten Herzen und den zupackenden Händen. Anne muss Mäxchen auf diesem schweren Weg begleiten.

Als sie mit dem gedopten, aus dem Paradies der Unschuld vertriebenen nunmehrigen Max zurückkommt, ist alles für den geschwächten Kastraten vorbereitet. Mitten im Wohnzimmer steht eine Kinderwanne, mit blütenweißem, weichem Bettzeug ausgestattet, eine Fülle an kulinarischen Genüssen davor. Susi leistet dem Patienten erste Hilfe, Alex streichelt mit aufgewühltem Gewissen den Dämmernden, und die beiden Kater aus dem Oberhaus beobachten vom Katzenbaum aus neugierig und erwartungsvoll den reglosen Heimkehrer. Aber bald schon werden sie mit ihm aufbrechen und ihre grenzenlose Freiheit bis auf den Friedhof in der Ferne ausdehnen.

Ja, meine Liebe, da erblasse auch ich vor Neid. Bei meiner Kastration ging's ohne Liebe zur Sache. Aber ich will nicht klagen. Denn jetzt ist alles bestens. Jetzt lebe ich im Paradies.

In wehmütiger Erinnerung an unbekümmerte Kindertage

Dein Nero

Meine Liebe!

Du hast recht. Ich bin ein wenig sentimental geworden. Aber mein Leben hier hat mich gefühlsmäßig verfeinert. Du musst in deiner kargen, unfreundlichen Welt ruppiger sein, sonst überstehst du den Kampf um´s Dasein nicht. Ich aber genieße den Luxus eines verwöhnten Lebens.
Apropos, Kampf ums Dasein. Ich habe dir noch nicht von meinem Vorgänger Charly erzählt, der im Alter von dreizehn Jahren das Zeitliche segnete.
Er war schon lange schwach und gebrechlich. Das linke Auge tränte altersschwach, das rechte Ohr war zerfetzt von seinen mannhaften Kämpfen. Das Fell hatte seinen Glanz verloren und sein Gang seine federnde Kraft. Aber Steffen und Chrissi liebten ihn heiß und innig. Keine Medizin war zu teuer, kein Futter zu kostbar, kein Weg zu weit…

Schweren Herzens ließen sie ihn in Annes
Obhut, als sie für nur eine Woche an die
Ostsee fuhren. Der Urlaub war nötig.
Täglich erstattete Anne Bericht über Char-
ly´s Befinden:
Charly frisst kaum noch, obwohl ich ihn
streichele und ihm gut zurede.
Charly schleicht nur mühsam von der Kü-
che ins Wohnzimmer, wo ich ihn ganz
vorsichtig aufs Sofa hebe.
Charly setzt keine Pfote mehr vor die Tür.
Charly hat heute den Fressnapf nicht an-
geguckt.
Charly ist sehr, sehr schwach.
Und dann, nach Annes besorgter Rück-
sprache mit ihrem überaus fachkundigen
Sohn, HNO-Arzt im fernen Osten, der
Alarmruf: „Charly liegt ganz erschöpft
und teilnahmslos im Gäste-WC!"
Drei Stunden später sind Steffen und
Chrissi da. Zehn Minuten später der Arzt.
Alle versammeln sich um Charly, den vom
Leben erschöpften Straßenkämpfer. Der
Arzt spricht aus, was sie nicht hören wol-
len, und zieht sich einfühlsam zurück, da-
mit sie Abschied nehmen können, Ab-

schied von ihrem Seelenfreund mit dem zerfetzten Ohr und dem geschundenen Fell. Nach einer Viertelstunde kehrt der Arzt zurück und setzt die erlösende Spritze, die Charly von all den Verletzungen und Verwundungen seines erfüllten Katzendaseins befreit.
Steffen zimmert einen kleinen Sarg und Chrissi legt ihn liebevoll in ein weiches Kissen. Traurig bestatten sie ihn im Garten, ganz nah an ihrem Haus und ihrem Herzen – den guten alten Charly, ihren vierbeinigen Lebensgefährten.

Ach, Charly!

In schwermütiger Seelenverfassung

Dein Nero

Eden, 01.11.2009

Liebe Mieze!

Du hast trotz deiner ruppigen Umgebung
doch ein feines Empfinden. Charlys Geschichte hat mir zugesetzt, sehr sogar. Da
hast du recht. So viel Fürsorge und Liebe
rührt mein Herz und deins mit Sicherheit
ebenso.
Aber vielleicht war es auch etwas viel
Liebe? Vielleicht hätte eine frühere Spritze Charly Schmerzen erspart!? Vielleicht
hätte er ein Ratz-Fatz-Ende vorgezogen!?
Vielleicht hätte…
Hätte, hätte, hätte…
Du merkst, ich komme ins Grübeln: Pati-
entenverfügung oder Schicksalsergeben-
heit? Ich weiß es nicht. Ich entscheide
mich erst einmal fürs Leben und zähle
durch, in welcher Phase meiner sieben
Katzenleben ich zur Zeit bin.
Ich werde zu Anne gehen, mich an den
Köstlichkeiten ihres Futternapfs erfreuen,
bei Heinrich mit der Voliére mein Geschäft machen, mich auf die Sonnenbank

hinter den Zypressen legen, den Klavier-
klängen lauschen und sanft ins Land der
Träume entgleiten.
I do it my way.
Und du, meine Liebe? Du wirst deine Le-
bensenergie aus unseren Geschichten und
Erinnerungen ziehen. Umgarne den Macho, das schaffst du. So bekommst du deine Streicheleinheiten, wenn sie auch etwas
rauhändig sind. Finde die richtige Mischung aus Leben und Traum:
Just do it your way.

In unerschütterlicher Lebensbejahung

Dein Nero

PS
Das muss ich dir doch noch eben ganz
schnell schreiben.
Bine hat sich einen Ganter gekauft, d.h.
eine Gans. Also den Mann der Gans. Aber
natürlich noch als junge Gans. Dann ist ja
selbst so eine dumme Gans, d.h. so ein
dummer Ganter, ganz nett.

Na ja!! Ich weiß nicht so recht. Wenn der breitfüßig die Treppen hinaufwackelt und überall im Haus - klatsch, matsch – seine kleinen Fladen hinterlässt? Das wär´ was für deine Nachbarin! Ojeoje!
Warum Bine diesen Gunwald unbedingt haben wollte, weiß ich nun wirklich nicht. Auf jeden Fall hat Gunwald sich bestens eingelebt. Aber im Winter wurde Bine unruhig. Ob er nicht doch besser mit Brüdern und Schwestern auf dem Bauernhof aufwachsen sollte? Also ab zu Bauer Bolte, Nolte oder… ist ja auch egal, auf jeden Fall zu seinen watschelnden, klackernden und ewig schnatternden Artgenossen. Bines Herz war schwer und leicht zugleich. Ihr Gunwald sollte es gut haben. Es geht schließlich in erster Linie um sein Wohlergehen und nicht um ihrs. Darum kann sich ihr Fritz Anton kümmern.
Irgendwann aber ist Gunwald wieder da!!! Ich denke, ich höre nicht recht. Hat doch dieser verwöhnte Bursche Heimweh gehabt und spektakelt, bis sie ihn abholte. Du siehst, was frühkindliche Prägung bedeutet! Siehe Freud! Aber von dem soll

ich dir ja nichts mehr erzählen. Also:
Gunwald schnattert wieder bei uns und –
jetzt kommt´s –Gunwald legt ein Ei!!!
Gunwald ist gar kein Ganter!!! Gunwald
ist eine Gans! Na, das hätte er oder sie
sich doch auch vorher überlegen können!
Oder? Muss ich mich doch wieder mal bei
Freud sachkundig machen. Oder besser
bei Lorenz, der da immer mit den Gänsen
herumlief? Auf jeden Fall ist Gunwald
jetzt eine Gundula oder Gunhild oder
Gundel, egal, und schnattert und spektakelt wie jede dumme Gans eben.
Aber vielleicht ist sie doch keine dumme
Gans. Eigentlich ist sie doch eine ganz
kluge Gans. Auf jeden Fall hat auch sie
ganz genau erkannt, wenn auch mit ganz
schöner Verspätung, dass ein Leben als
Einzelgans im Garten Eden ganz viele
Vorteile hat und ihr ein frühzeitiges Ende
im weihnachtlichen Gänse-Bräter erspart.

Liebe Mieze,
endgültig ganz, gans, ganz, gans viele
Grüße von deinem Nero.

Ich bin jetzt aber wirklich ganz durcheinander von diesem Geganse und erzähle dir jetzt nichts mehr davon. Nein! Auch nicht von Bines Rettungsaktion mit Wärmebett und künstlicher Ernährung mit Pipette, als eine kleine Maus, n-i c h t lebensfähig! aus der Efeuwand fiel! Nein, da sage ich ganz entschieden nein. Mäuse fallen, ganz egal, wo sie fallen, in meine Zuständigkeit, und zwar ausschließlich. Wo kämen wir denn da hin? Man musst doch ab und zu noch mal erfolgreich auf Jagd gehen können, um seinen großzügigen Gastgebern ein Maus-Geschenk zu machen!
Das war schon immer so. Und so muss es auch bleiben. Schluss jetzt!

Dein Nero

PSPS
Ganz kurz noch die letzte Nachricht. Meises sind ausgezogen. Sozusagen auf den letzten Drücker. Der Anstreicher war schon bei Lilo nebenan. Das Gerüst musste zu Anne rüber. Die wollte ihr Haus

auch streichen lassen. Aber Meises waren noch immer in ihrer Luxusvilla und schwirrten dauernd herum, um ihre neue Brut flugtüchtig zu machen. Und Anne in g r o ß e r Sorge! Du kennst sie ja. Da darf keinem nur ein Härchen gekrümmt werden. Bei meinem edlen Fell verständlich. Doch Meises? Die hätte sie getrost mir überlassen können. Aber nein! Aber nein! Sie haben also gerade noch rechtzeitig den Abflug gemacht. Zu meinem Leidwesen. Ich hätte die Sache elegant auf meine Art erledigt. Anne ist natürlich sehr erleichtert und hat gleich die Villa Kunterbunt gesäubert und gewienert, damit die bloß wiederkommen. Mir soll's auch recht sein. Hauptsache, ich behalte meinen Stammplatz in ihrem Herzen und an ihrem Fressnapf. Und da bin ich mir ganz sicher. Meinem Charme ist noch jeder erlegen, den macht mir keiner streitig. Selbst Harry nicht, der neue Nachbar. Der soll ja sehr schön und „edel" aussehen, O-Ton Fritzi, in seinem mausgrauen Fell, das jeden Tag gebürstet werden muss. Doch was nützt ihm das, wenn er immer

nur im Haus auf den Katzenbäumen her-
umklettern darf und nie, nie eine Maus
fangen wird!? Ein Alptraum! Da lob´ ich
mir doch meine Freiheit und genieße sie
in vollen Zügen.
So, und jetzt geht´s wieder los. Mal sehen,
was mein Paradies heute im Angebot hat.

Dein Nero

PSPSPS
GundelGunhildGundula ist krank. Ein
Bein tut´s nicht. Arthrose oder so. Weiß
nicht, wie sie aus dem Teich kommen soll.
War schon mit Bine zum Arzt. Muss jetzt
Antibiotika nehmen. Und dreimal täglich
wird das Bein eingerieben. Vielleicht hat
sie ja auch Rheuma?!
Was für eine Aufregung!
Mal hören, ob´s was Neues gibt.

In Eile
Dein Nero

PSPSPSPS
Zurzeit nichts Neues. Halte dich auf dem Laufenden.

Dein Nero

PSPSPSPSPS
Jetzt ist Oskar dran!!! Die Zähne faulen. Sie müssen raus. Sechs oder sieben, sagt Bine. Dabei ist er schon genug gestraft mit seinen kurzen, krummen Dackelbeinen. Kommt kaum die Treppe rauf. Runter erst recht nicht. So ein Hundeleben!
Da lob´ ich mir doch meine Beweglichkeit. Mir geht´s blendend. Aber wenn ich an Charly denke… das war ja zuletzt auch nicht mehr so toll mit ihm…Schluss mit Denken! Das ist nichts für mein empfindsames Gemüt.
Auf, auf zum nächsten Gullideckel!

Dein Nero

PSPSPSPSPS
Also jetzt auch noch Toffi!
Wer Toffi ist? Kannte ich bis vor kurzem
nicht. Kenne ich immer noch nicht. Und
will ich auf gar keinen Fall kennenlernen!
Fritzi schwärmt Anne die Ohren voll. Harry, der mausgraue Schönling von gegenüber, ist ja kein Problem für mich. Der
hockt hinter der Fensterscheibe und stört
mich nicht weiter.
Aber Toffi? Ein e d l e r rotbrauner Setter
von sanftem Gemüt und g r o ß e r An-
schmiegsamkeit, wie Fritzi behauptet. Der
hat mir gerade noch gefehlt! Dies hier ist
mein Revier. Punkt - aus!
Denn erstens ist meine Schönheit unbe-
streitbar, zweitens ist mein schnurrendes
Beinscharwenzeln bei Anne hoch im Kurs
und drittens ist mein Katzengemüt zwei-
fellos von herausragender Qualität. Evolu-
tionär gesehen- wenn du verstehst, was ich
meine. Ein hohes Maß an Unabhängigkeit,
versorgungstechnisch betrachtet; ein unbeirrbarer Freiheitsdrang, finde mich überall
zurecht; ausgezeichnete Vitalität, verfüge
über lebenssichernde Strategien u n d die

einmalige, seelische Tiefe eines kleinen Raubtiers, das sich dem Menschen nur bedingt fügt. Sozusagen al dente. Das setzt Anne doch nie aufs Spiel. Da kann Fritzi noch soviel schwärmen Toffi hier, Toffi da!

Überhaupt stellt sich die Frage, welche Qualitäten der besagte und hoch gelobte Toffi überhaupt hat. Ein sanftes Gemüt! Na, wenn das alles ist! Und anschmiegsam soll er sein. Begrüßt Fritzi immer freudig bellend, drängt sich an sie heran und lässt sich streicheln!

Er l ä s s t streicheln – wohl bemerkt! Ich mache es umgekehrt. Ich streife sanft an Annes Beinen entlang und bereite i h r und m i r das höchste Vergnügen.

Dann soll sich besagter Monsieur Toffi neben Fritzi setzen und einfach seine „Edel"schnauze auf den Tisch legen, rechts neben Fritzis Teller. Ich bitte dich! Wo gibt's denn so was! Aber Fritzi ist hin und weg. Sie würde ihn am liebsten mit diskutieren lassen: Der Hund als Krone der Schöpfung … Aber bevor sie ihn wieder streichelt, bekommt er von seinem

Frauchen den Befehl zum Abmarsch. Zum Glück! Wo leben wir denn!
Wenn der Abschied naht, ist Toffi wieder voll im Einsatz. Stellt sich quer vor Fritzi, drängt seinen warmen Körper fest gegen sie, ganz fest, und will sie nicht gehen lassen. Fritzi ist sehr angetan von diesem Gunstbeweis, spricht liebevoll mit ihm, streichelt ihn und erklärt ihm voll Bedauern, tiefenpsychologisch fundiert, dass sie jetzt aber gehen muss. Als wenn der das verstehen könnte! Edelschnauze hin, sanftes Gemüt her. Also muss Frauchen wieder einschreiten und ihn in seinen Korb verbannen. Wo er prompt einschläft. Na bitte! So groß kann die Liebe also nicht sein.
Hoffentlich hört diese blöde Toffi-Schwärmerei bald auf!
Du siehst, auch in meinem Paradies gibt es manchmal kleine, beunruhigende Erschütterungen. Aber was macht´s. Ich schreite achtlos darüber hinweg. Ich bin und bleibe der Favorit in unserem Revier.
In diesem Sinne:

Yours for ever!

Dein Nero

Ach, Miezekatze,
noch schnell eine letzte Geschichte. Ich
weiß nicht, was ich davon halten soll. Ich
bin auf deine Meinung gespannt.
Gerti und Antje leben zusammen in einem
Mehrfamilienhaus im vierten Stock und
lieben nicht nur sich, sondern auch ihre
Katze. Die ist natürlich ein Kater. Etwas
Mann muss sein! Jojo wird täglich im
Netz durchs Fenster nach unten gelassen,
damit er sein Geschäft erledigt. Wie das
nun wieder so genau geht, weiß ich nicht.
Und warum die Damen auf seine Duftnote
verzichten, begreife ich auch nicht. Vielleicht doch zu viel Mann? Vielleicht sind
sie auch einfach zu faul, um ihm eine Toilette zu besorgen und sie mit Katzenstreu
sauber zu halten? Auf jeden Fall muss Jojo, im Netz schwebend, gleitend, sich ver-
heddernd, seine Häufchen abwerfen. Er
kann sie auch nicht verbuddeln. Wie denn

auch? Wohin er schaut: Häuser, Straßen, Bürgersteig, Stein, Stein, Stein…So ein armes Schwein!

Ab und zu gehen die Damen mit ihm aus. Dann bekommt er ein Geschirr angelegt und wird an der Leine geführt. An der Leine! Ich bitte dich. Kein Gullideckel, keine Mäusejagd, kein Drosselbelauern… nichts, nichts, was ein Katzenleben lebenswert macht. Es zerreißt mir das Herz.

Jojos Vorgänger war Onkel. Was d e r Name nun wieder soll, weiß ich auch nicht. Vielleicht ist ein Onkel aus dem Blickwinkel zweier sich liebender Damen ungefährlicher als so ein junger Bursche. Wer weiß? Ich weiß es auf jeden Fall nicht.

Onkel lebt natürlich nicht mehr, sonst wäre ja Jojo nicht da. Wie Onkels Zusammenleben mit den jungen Damen aussah, ist mir ebenfalls unbekannt. Wahrscheinlich wie gehabt: im Netz „downtown" schweben, Häufchen abwerfen, im Geschirr spazieren gehen. Keine Mäuse jagen, keine Vögel fangen, keine Katzen lieben, keine Nachkommen zeugen… Ja, verflixt noch mal, wofür hat er denn überhaupt gelebt? Ein überaus sinnloses Unterfangen! Wenn ich da an meine Aktivitäten denke! Olala! Ich habe so manche Katze beglückt. Und auch dich, meine liebste Mieze, bevor mein Umzug und das barbarische Arzt-Messer dem lustvollen Treiben ein Ende machten. Aber wir haben jedenfalls die Erinnerung an unsere wilde, überschäumende Jugend und die Glut unserer Herzen! Onkel, der arme Hund, hat das alles nicht kennengelernt. Und jetzt ist er tot, mausetot, eingesperrt in eine U-r n-e, die auf dem Kamin steht! Und wenn die beiden Ladys auf Reisen gehen, dann muss er mit – im roten Trolley, in seiner Urne, zwischen Jogginghose und Beautycase! Ich fass´es nicht.

Was sagst du dazu? Schreib´ es mir.

Ich muss jetzt unbedingt an die frische Luft, sie riechen, schmecken, atmen - und meine grenzenlose Freiheit genießen! Das Leben i s t schön, meine Liebste.

Für immer

Dein unbeirrbarer Nero